Revue Gestion Juridique des RH

Année 2023

Volume 1

Numéro 1

Comité scientifique

Comité de rédaction

DIRECTEUR DE PUBLICATION
Clotaire MOULOUNGUI

DIDACTIJURIS et Clotaire MOULOUNGUI
6, square du capitaine Guynemer
59960 Neuville-en-Ferrain
Didactijuris@yahoo.com

ISBN : 978-2-487740-19-8
EAN : 9782487740198

Articles de ce volume 1

Plan et pagination des articles

LES TORTS CAUSÉS PAR LES ABSENTÉISTES À LEURS FORMATEURS

Clotaire MOULOUNGUI
Maître de conférences hors classe à l'ULCO (académie de Lille)
Ancien Chef du Département Gestion des Entreprises et des Administrations
Responsable de la licence professionnelle Métiers de la Gestion et du Social

Résumé : Selon un aphorisme africain (de Birago Diop), *« quand ramasser devient trop aisé, se baisser devient difficile »*. D'un autre côté, d'après un principe économique de bistrotier, ce qui est gratuit n'a point de valeur, et n'est donc nullement important. Dans ces conditions, et même si l'on ne penche pas pour la marchandise du monde (et donc de tout), une conclusion semble s'imposer à l'esprit. À savoir que l'absentéisme des élèves français vient en pratique de ce qu'ils n'ont pas à mettre la main à la poche pour bénéficier de leur instruction. De plus, alors qu'ils n'en souffrent pas directement ou immédiatement, leur structure de formation verra ses finances et sa réputation se détériorer bien vite.

Mots clefs : Gratuité ; service public ; négligence des élèves ; gaspillage ; manque à gagner des formateurs.

Abstract : According to an African aphorism (by Birago Diop), "when picking up becomes too easy, bending down becomes difficult." On the other hand, according to a bartender's economic principle, what is free has no value, and is therefore of no importance. Under these conditions, and even if one does not favor the world's (and therefore everything's) commodity, one conclusion seems to impose itself. Namely, the absenteeism of French students stems, in practice, from the fact that they do not have to dig deep into their pockets to benefit from their education. Moreover, while they do not suffer directly or immediately from it, their educational structure will quickly see its finances and reputation deteriorate.

Keywords : Free; public service; student neglect; waste; loss of earnings for instructors.

1. – L'effet de la gratuité sur l'assiduité, les finances et la réputation d'une formation.

Selon un aphorisme africain (de Birago Diop), *« quand ramasser devient trop aisé, se baisser devient difficile »*. D'un autre côté, d'après un principe économique de bistrotier, ce qui est gratuit n'a point de valeur, et n'est donc nullement important.

Dans ces conditions, et même si l'on ne penche pas pour la marchandise du monde (et donc de tout), une conclusion semble s'imposer à l'esprit. À savoir que l'absentéisme des élèves français vient en pratique de ce qu'ils n'ont pas à mettre la main à la poche pour bénéficier de leur instruction.

De plus, alors qu'ils n'en souffrent pas directement ou immédiatement, leur structure de formation verra ses finances et sa réputation se détériorer bien vite.

A. – L'implication individuelle freinée par l'école gratuite

2. – La contestation progressive de la tradition de gratuité des études.

Il est commun de déplorer les rémunérations offertes en France par rapport à celles proposées dans les pays voisins. En vérité, ces comparaisons internationales sont généralement biaisées par l'oubli du nombre et de la hauteur des dépenses qu'à l'étranger les travailleurs doivent personnellement prendre en charge (1).

Or, ce n'est pas seulement aujourd'hui que la France (une République sociale) se distingue par son *« Quoiqu'il en coûte »*, par son *« Bouclier tarifaire »* ou par ses *« Réductions à la pompe »*. Par exemple, il est de tradition séculaire que les frais de santé de chacun soient pris en charge par la collectivité l'on doit exhiber une *carte vitale* et non pas une *carte Visa* ; même sans, l'on vous sauve quand même la vie. Par exemple encore, l'instruction est obligatoire et gratuite depuis le 19ème siècle et Jules Ferry.

Certes, de plus en plus de voix s'élèvent en faveur de l'institution de droits universitaires presque proche de la réalité économique. Ce qui fait redouter l'épouvantable situation des étudiants de l'Amérique du nord, lesquels se surendettent pour payer leurs universités (2).

3. – L'existence de services publics gratuits et d'autres payants.

À l'entrée dans le vingt-et-unième siècle, aussi bien les savants, les gouvernants que les journalistes ont prétendu que nous entrions

---

1) En 2018 par exemple, le coût de la vie était moins élevé en France que dans sept autres pays européens (Suisse, Monaco, Islande, Norvège, Luxembourg, Danemark, Irlande). Conf. https://planificateur.a-contresens.net/classement_par_pays/cout_de_la_vie.html.

2) « *La dette étudiante américaine a atteint en 2018 un niveau record : plus de 1 500 milliards de dollars. Elle est donc devenue une question centrale pour les étudiantes et étudiants, pour les familles, et elle peut poursuivre les débiteurs tout au long de leur vie. Elle met en cause à bien des égards les universités, les États et le gouvernement central, et même les établissements de crédit qui l'exploitent comme marché. Elle fait désormais l'objet d'un manuel universitaire de référence* » (Marianne DEBOUZY, « Point de vue. L'endettement des étudiants : un cas américain ? », *Le Mouvement Social*, 2018/4 (n° 265), p. 125-141. DOI : 10.3917/lms.265.0125. URL : https://www-cairn-info.ezproxy.univ-littoral.fr/revue-le-mouvement-social1-2018-4-page-125.htm).

dans une civilisation de l'information ; dans une économie de la connaissance. En conséquence de quoi, seuls les États préoccupé par la diffusion des savoirs (à leur population) s'en sortiraient dorénavant le mieux possible. D'ailleurs, les individus devraient eux-mêmes s'y précipiter et tout faire pour s'y intégrer.

Dans ces conditions, l'absentéisme ne devrait quasiment jamais se rencontrer. Particulièrement dans les zones déshéritées où l'instruction apparaît comme indispensable pour échapper à une condition de misère intellectuelle, économique et sociale (3). Cela étant, la personne en quête de connaissances et d'habiletés doit-elle alors contribuer au remplissage des caisses de son fournisseur de savoirs et savoir-faire ?

Plus encore, doit-on systématiquement jouir sans contrepartie des biens et services des établissements publics ? Peut-être que non. D'abord, aux termes de la loi, les services publics industriels et commerciaux sont forcément payants. Ensuite, les usagers s'étonnent à peine de payer pour manger à la cantine scolaire, ou pour emprunter les autoroutes, ou encore pour les opérations de pompes funèbres. Sachant qu'il s'agit-là généralement de situations de délégation du service.

À la vérité, il n'y a gratuité que si une disposition légale le prévoit ; il faudrait ainsi donc se convaincre de *« l'absence de principe de gratuité »* (4). Le doute concerne les services administratifs,

---

3) Parce que certains villages manquent dorénavant d'assez d'enfants à scolariser, leurs écoles doivent fermer. Les élèves subsistants sont alors redéployés vers d'autres écoles du secteur. Pourtant, des pétitions et des manifestations s'en suivent pour le sauvetage de l'école concernée. Plus curieux encore, ces rares élèves ne brillent pas ensuite par une assiduité exemplaire. Autrement dit, *« l'absentéisme scolaire, bien réel n'est pas en contradiction avec l'attachement des parents pour maintenir des écoles même dans de modestes hameaux »* (Abderemane YOUSSOUF, *L'école publique élémentaire dans les Alpes-Maritimes dans l'entre-deux-guerres*, Th. Histoire, Côte d'Azur, 2017, Résumé).

4) Denis BROUSSOLLE, Redevance et service public, *AJDA* 1995. 403. Par exemple, les alpinistes contractent une assurance, au cas où ils auraient

auxquels l'on assimilera les établissements publics à caractère scientifique, culturel et professionnel (dont les universités).

4. – L'obligation d'une gratuité des études même à l'université.

Selon le Conseil constitutionnel (11 octobre 2019), *« l'exigence constitutionnelle de gratuité s'applique à l'enseignement supérieur public »* (5). Le rappel récent de ce principe n'a certainement pas réjoui les dirigeants des universités. Jusqu'alors, c'était sur le fondement de l'article 48 de la loi de finances du 24 mai 1951 que les étudiants payaient les droits d'inscription.

Il ne semblait pas que cette loi violât le préambule de la Constitution de 1946 dont l'alinéa 13 énonce que : *« la Nation garantit l'égal accès de l'enfant et de l'adulte à l'instruction, à la formation professionnelle et à la culture. L'organisation de l'enseignement public gratuit et laïque à tous les degrés est un devoir de l'État »* ? Encore qu'un devoir (moral) ne se confonde point avec une obligation (juridique). La réponse juridictionnelle fut néanmoins oui.

Par conséquent, le Gouvernement ne pouvait plus s'abriter derrière la prétorienne théorie de la loi écran pour espérer que le Conseil

---

un accident pour lequel un hélicoptère serait affrété (à cause d'eux) par la Sécurité civile. D'ailleurs, le Conseil d'État (21 octobre 1988) a jugé que les principes contenus dans la Déclaration des droits de l'homme d'égale contribution de tous les citoyens à l'administration et à la conservation de la sûreté relèvent du droit positif. Néanmoins, ils *« ne font pas obstacle à ce que les charges d'un service public déterminé soient financées par les usagers au moyen d'une redevance qui trouve sa contrepartie dans les prestations fournies par ce service »* (Arrêt Syndicat national des transporteurs aériens du 21 octobre 1988 (*RDP* 1989, p. 1464, note critique Yves Gaudemet).

5) CONSEIL CONSTITUTIONNEL, Décision n° 2019-809 QPC du 11 octobre 2019 (exigence constitutionnelle de gratuité dans l'enseignement supérieur public).

d'État (lui-même) n'oserait pas toucher à ses dispositions réglementaires. En particulier celles contenues dans l'arrêté du 19 avril 2019 relatif aux droits universitaires.

5. – Les raisons de la naissance d'une école publique laïque et gratuite.

La place prépondérante ainsi reconnue à l'instruction n'est pas nouvelle en France. Déjà, sa Troisième République avait décidé de l'offrir à ses fillettes et à ses garçonnets, au moyen d'une école publique, laïque et obligatoire. Certes, il préexistait une école privée confessionnelle. Mais, cette école-là semblait pêcher par un trop grand fatalisme sur la possibilité d'élévation des humains dès ici-bas. Car, pour tout républicain laïc, il n'y a pas à attendre le paradis pour recevoir places et distinctions ; surtout quand on était *« mal né »* (6).

Ainsi, « *La "guerre scolaire" ne date pas d'hier et il suffit d'évoquer la longue histoire de la Sorbonne, qui au cours des siècles n'a pas toujours été le "temple des lumières", la fermeture de Port-Royal et de ses "petites écoles", les quatre expulsions de France des jésuites, sous la monarchie comme sous la République, pour mesurer la place donnée à cette dialectique* » (7).

Sous notre Cinquième République, la guerre des deux écoles (ou guerre scolaire) n'est plus qu'un souvenir, certes encore persistant à l'extrême Gauche politique. Selon elle, les deniers publics (si rares) ne devraient financer que l'école publique (toujours en trop mauvaise passe). C'est dire que les parents désireux d'envoyer leur rejeton dans un établissement confessionnel ou commercial devrait

---

6) L'expression « *mal né* » s'oppose à celle de « *bien né* », en vogue sous l'Ancien Régime. Être « *bien né* » y signifiait que l'on descendait de parents nobles et/ou particulièrement riches. D'où ce vers de Pierre CORNEILLE (dans Le Cid) dont il faudrait revisiter le sens : « *aux âmes bien nées, la valeur n'attend point le nombre des années* ».

7) Emmanuel DECAUX, Liberté religieuse et liberté d'enseignement, RFDA 2021. 238.

assumer de se passer de la gratuité caractéristique du service public de l'enseignement.

6. – Le financement des établissements privés aussi par l'État.

Si l'État s'interdit de prendre à sa charge les investissements nécessaires aux écoles privées sous contrat, il met en revanche largement la main à la poche pour leurs autres dépenses (8). D'abord, leurs enseignants ont le statut de contractuels (et, pour cette raison), perçoivent leur rémunération mensuelle de la part du Trésor public, à l'instar des professeurs fonctionnaires dont on sait qu'ils œuvrent dans les établissements publics (9).

Les parents n'ont rien à payer, sauf pour les leçons et activités qui concernent le culte et la religion (10). On peut dire que la *« querelle scolaire »* entre le public et le privé s'est atténuée en France, grâce à des écoles sous contrat (11) ; ou pas (12). La contrepartie est l'égale possibilité d'accès des élèves, quelle que soit leur religion. Le petit hic est la possibilité de sélection.

En effet, *« l'application du principe d'égalité n'interdit pas aux établissements de sélectionner leurs élèves pour des motifs scolaires ou de discipline et d'exiger l'adhésion des familles au projet éducatif : comment détecter telle ou telle discrimination derrière le motif scolaire ou la discipline ? »* (13). En tous cas, la possibilité

---

8) Bernard TOULEMONDE, JurisClasseur Administratif, Fasc. 233 : Enseignement, Enseignement privé, 29 janvier 2015, n° 69.

9) Le Code de l'éducation précise l'obligation de l'État à l'égard de leurs classes (privées) comme il est déjà de règle pour les classes du secteur du public (article L442-5, al. 4).

10) Code de l'éducation, article R442-48.

11) Laurent RICHER, La contractualisation comme technique de gestion des affaires publiques, AJDA 2003. 973.

12) Fleur DARGENT, L'enseignement privé hors contrat mais pas hors contrôle, AJDA 2019. 216.

13) Bernard TOULEMONDE, précité, n° 43.

d'une sélection préserve ces établissements privés de profils absentéistes et/ou bagarreurs (14).

7. – L'obligation de financement de formations par les collectivités locales.

Une loi relative aux libertés et responsabilités locales a profondément modifié la répartition des compétences en matière de formation des travailleurs sociaux, et réformé les professions sociales (15). Le Code de l'Action Sociale et des Familles prévoit ainsi la gratuité des études de ces futurs acteurs du l'action sociale (16). Le financement de leurs instituts de formation résulte tant de subventions des collectivités territoriales que de participations des employeurs du secteur.

Néanmoins, les étudiants sont mis à contribution ; d'ailleurs de façon contradictoire, puisque *« les formules législatives ne manquent pas d'hypocrisie »* (17). D'une part, ces établissements agréés sont autorisés à percevoir des droits d'inscription d'un montant proche de celui en vigueur dans les IUT. D'autre part, des suppléments sont par ailleurs envisageables, en fonction des services rendus aux étudiants.

Or *« antérieurement, ces frais de scolarité étaient soumis à un plafond par arrêté ministériel. Rien de tel n'existe actuellement. Sur ce point, les variantes régionales sont à craindre »* (18). Est ainsi posée la

---

14) Un double paradoxe se constate dès lors. D'une part, beaucoup d'établissements privés sont gratuits (alors qu'ils devraient être payants). D'autre part, la gratuité de l'enseignement privé n'expose pas ce dernier à l'indiscipline et à l'absentéisme des élèves (grâce à la sélection de ceux qui y entrent et peuvent ensuite y rester).

15) C'est la loi n° 2004-809 du 13 août 2004.

16) Code de l'action sociale et des familles, article L451-2-1, alinéa 4.

17) Sylvie HENNION-MOREAU, La formation des travailleurs sociaux, *RDSS* 2005. 38.

18) Idem.

question de la gratuité des études professionnelles. Une telle conséquence se profile dans la formation des futurs avocats. En effet, grâce à un recours au dispositif de l'alternance, ces futurs défenseurs jouiraient des avantages concédés aux apprentis ; dont la gratuité de la formation, entre autres évolutions (19).

8. – La tentation d'une présélection des candidats par l'argent.

Notre droit positif ne conçoit pas que des candidats à un emploi se soumettent à des enchères inversées à l'issue desquels le moins disant (le moins cher) l'emporterait. Il n'admet pas davantage que l'on doive payer pour candidater à un emploi.

Un filtrage par le tamis de l'argent ferait songer à une réservation du travail aux seuls individus capables de débourser ; en violation du principe de non-discrimination ou de celui d'égalité. Cette réflexion apparaît plus valable encore dans les services publics. Car dans les trois fonctions publiques, et conformément au mérite républicain, les emplois (la plupart) sont confiés aux candidats qui franchissent le filtre constitué par un concours. Les épreuves du concours sont écrites pour l'admissibilité, et orales pour l'admission (20).

---

19) Monsieur le professeur Cyril WOLMARK énumère : « *gratuité de la formation, heures de formation assimilées à du temps de travail, rémunération plus avantageuse sur la totalité du cycle de formation concerné, application des règles du Code du travail relatives à l'apprentissage, bénéfice des allocations du régime d'assurance chômage en fin de contrat* » (Controverse : Professionnaliser la formation initiale des avocats ?, Rev. trav. 2021. 683). En face des droits il y aurait logiquement quelques devoirs.

20) À la vérité, dans la fonction publique territoriale, la réussite à ces deux volets du concours n'est qu'une étape ; c'est une présélection pour paraître sur une sorte de liste d'aptitude. Les personnes qui y figurent sont simplement reconnues comme dignes d'un entretien de recrutement auprès de la collectivité locale (région, département, commune) qui disposerait d'un poste à pourvoir. Comme chacune de ces collectivités ne dispose pas de la logistique et des compétences intellectuelles propres aux

Jusqu'en 2021, les candidats aux emplois territoriaux pouvaient passer le concours (pour figurer sur une liste d'aptitude) dans n'importe quel département. Or ils s'inscrivaient alors dans la plupart des centres proches de leur domicile ; avant de se décider enfin, peut-être l'avant-veille, sur l'endroit où ils subiraient les épreuves. Ce phénomène d'indécision était tellement massif que lors du concours externe d'attaché de 2016, le taux d'absentéisme s'était élevé à 52 %. Oui, le nombre de participants se ramenait souvent à la moitié seulement des candidats enregistrés.

Le problème était que c'est à proportion des candidatures que les organisateurs réservaient inutilement un grand nombre de salles, de surveillants et de correcteurs (21). Une sélection par l'argent aurait pu aider à contenir le phénomène ; c'est-à-dire prévoir des frais de dossier élevés, quitte à les rembourser ensuite aux participants et aux absentéistes de bonne foi. Il avait même pu sembler pertinent de faire du *"sous-booking"* (22) ; avant de se rabattre plutôt sur l'aide de l'informatique.

---

concours, leur organisation est mutualisée. Cela s'effectue au niveau départemental ou interdépartemental ; par le biais d'un organisme public appelé Centre de Gestion. Le candidat retenu par l'un quelconque de ces centres devient un fonctionnaire potentiel de toute collectivité locale de France. On notera cependant que la Ville de Paris a sa propre fonction publique. Celle-ci regroupe davantage de fonctionnaires que l'ensemble des instances de l'Union européenne (Parlement, Commission, BCE, etc.).

21) Marie-Christine de Montecler, Un nouvel outil de lutte contre les multi-inscriptions aux concours de la territoriale, *AJDA* 2020. 1936.

22) Contrairement aux entreprises privées, lesquelles font du surbooking, en s'imaginant que certains passagers oublieront leur avion. Elles promettent alors le voyage à davantage de personnes qu'il n'y a de places disponibles dans le moyen de transport. Mais, s'agissant d'un concours administratif, il aurait plané le risque de son annulation juridictionnelle, à la demande du candidat empêché de concourir par manque de place.

9. – La limitation informatique des candidatures multiples ou fantaisistes.

La solution finalement retenue dans le cas ci-dessus aura été celle de l'interdiction des inscriptions multiples ou, plus exactement, de l'impossibilité d'une telle pluralité de candidatures. Concrètement, la loi a permis le croisement des fichiers d'inscription des divers centres de gestion par leur opérateur informatique commun. Les inscriptions superfétatoires sont dès lors immédiatement détectées, jusqu'à la clôture de la procédure.

Il est prévu que le système informatique considère la dernière de celles-ci comme le choix final du candidat. Dans ces conditions, les autres centres de gestion ainsi objets de la rétractation s'économisent des efforts inutiles ; ils adaptent conséquemment leur logistique et leur personnel à l'effectif réel des candidats (23). Cela suppose en vérité que ces centres reçoivent aussitôt l'état des abandons.

Mieux, il faudrait que la recherche des locaux, des surveillants et des correcteurs, se fasse seulement après la clôture des inscriptions. Sinon leur disproportion subsisterait. En tous cas, l'absentéisme devrait alors devenir marginal.

---

23) La certitude budgétaire est obtenue dans l'organisation des études en IUT grâce à « *l'assiduité à tous les cours, travaux dirigés, travaux pratiques, visites et éventuellement stages est obligatoire ; cette assiduité est en principe le facteur d'une meilleure efficacité dans le travail et signifie d'autre part que le nombre d'étudiants inscrits ne diffère que très peu de celui des étudiants accomplissant réellement leurs études : les prévisions budgétaires ont alors une valeur certaine* » (J.-P. DUPRILOT, Les instituts universitaires de technologie, La Revue administrative, 23e Année, No. 136 (juillet-août 1970), pp. 401-411, Presses Universitaires de France, https://www.jstor.org/stable/40764874).

10. – L'idée de droits (ou de prix) variables selon les formations.

À l'occasion de l'un de ses contrôles sur le fonctionnement économique et comptable des organismes étatiques, la Cour des comptes a déploré la faiblesse des droits d'inscriptions universitaires en France ; comparativement à ceux pratiqués dans les autres pays de l'OCDE.

C'est pourquoi elle aura suggéré au Gouvernement leur relèvement ; en sachant qu'il y aurait un risque de survenue d'un effet d'éviction des étudiants de familles modestes. D'où la suggestion en parallèle de mesures financières (24). À défaut de l'augmentation du montant des frais d'inscription, la juridiction financière penchait pour leur indexation sur l'inflation (25). Car l'érosion monétaire empêche, d'années en années, des dépenses originellement possibles (26).

Certes, d'ores et déjà la quasi-gratuité de l'enseignement supérieur se limite aux formations purement livresques. Car dans une école d'ingénieurs, par exemple, le coût supporté par l'élève est plutôt conséquent. En cas d'augmentation, la somme alors payée au niveau master devait dépasser celui fixé pour le niveau licence. Ce sont les services effectivement rendus qui justifient le montant retenu.

Dans ces conditions, les frais d'inscription en doctorat pouvaient rester inchangés, puisque les thésards sont autonomes et quasiment en autoformation. Afin que les droits attendus par les universités

24) Marie-Christine DE MONTECLER, La Cour des comptes veut augmenter les droits d'inscription à l'université, *AJDA* 2018. 2320.

25) Ce qui est dorénavant prévu par l'article 2 de l'arrêté du 19 avril 2019 relatif aux droits d'inscription dans les établissements publics d'enseignement supérieur relevant du ministre chargé de l'enseignement supérieur.

26) Ce faisant, il y aurait alors un nouveau cas légal d'indexation. Le plus remarquable étant que, contrairement aux autres exceptions à la prohibition de l'indexation, l'indice utilisable (à savoir l'inflation) n'a de lien ni avec l'activité des acteurs, ni avec leur objectif contractuel (si l'on ose).

restent utiles (autofinancement) et raisonnables (proportionnés), chacune d'entre elles devrait pouvoir les fixer à sa guise ; mais dans le respect d'un plafond national.

11. – L'augmentation des droits d'inscription surtout pour les étrangers.

Une décision interministérielle de relèvement des droits d'inscription aura été prise le 19 avril 2019 (27). Alors un critère géopolitique a été introduit : l'étudiant étranger (hors U.E.) était prié de payer quasiment le vrai prix de sa formation. L'assujetti y gagne peut-être un encouragement à s'interdire l'absentéisme et le nomadisme universitaire. Car l'enjeu financier est trop important pour sa famille et lui (28).

Néanmoins, une vingtaine d'universités se sont émues de cette évolution absolument nouvelle en France (29). Des associations d'étudiants aussi ; elles ont saisi la juridiction administrative pour

---

27) L'arrêté correspondant sera provenu de la ministre de l'enseignement supérieur (Mme Frédérique Vidal). Mais s'agissant de questions d'argent, il convenait de faire participer le ministre du budget (M. Gérald Darmanin). Enfin, vu que le texte avait vocation à s'appliquer dans l'Outre-mer, la ministre compétente (Mme Annick Girardin) y aura apposé sa signature.

28) À savoir : pour les étrangers extracommunautaires, 2770 € dans le premier cycle. Et 1000 euros de plus pour le deuxième cycle, soit 3770 €. En revanche, les nationaux et les étudiants ressortissants de l'UE ne devaient, pour les mêmes cycles, que 170 et 243 €. En revanche, pour le cycle doctoral et l'HDR, non seulement il n'y pas de discrimination à l'encontre des étrangers, les droits demeurent plutôt : 380 €.

29) André LEGRAND, Droits d'inscription des étudiants étrangers : rejet de la demande de suspension, *AJDA* 2019. 1469. Sans leurs étudiants étrangers, quelques structures de formation devraient fermer, pour sous-effectif. Par ailleurs, le peu d'argent que ces étudiants leur versent participent quand même utilement à leur budget de fonctionnement.

l'annulation de l'arrêté litigieux (30). Question juridique de départ : cette augmentation des droits d'inscription, surtout pour les seuls étrangers, était-elle fondée en droit ? En réponse à ce questionnement plutôt altruiste ou solidaire, le Conseil a cru simplement pouvoir répondre que la contribution exigée n'était pas excessive.

12. – La proportion de relèvement des droits d'inscription.

Selon l'arrêté ministériel précité, les étudiants devaient participer à hauteur de 30 % du coût annuel moyen de leur formation en licence ; et à hauteur de 40 % en master. Il faut savoir que dans un rapport sur les droits d'inscription dans l'enseignement supérieur public (de novembre 2018), la Cour des comptes évaluait ce coût annuel à 10.210 euros. C'est d'ailleurs un montant proche, à savoir 9.960 euros, qui résultait d'un rapport d'information voté le 13 mars 2019 par l'Assemblée nationale (31).

Au regard de ces deux sources officielles, c'est donc environ 10.000 euros que l'étudiant coûte à la collectivité pour chacune de ses années de formation. Dans ces conditions, des droits d'inscription

30) Outre que les associations d'étudiants criaient à la violation de l'objectif constitutionnel de gratuité, ils invoquaient parallèlement la violation de trois principes. D'une part, le droit à un égal accès à la formation professionnelle ; d'autre part, l'atteinte disproportionnée à l'accessibilité de l'enseignement pour tous ; de troisième part, la pénalisation de l'égalité des chances. Rappelons que l'arrêté d'une autorité qui détient une compétence nationale (ou pluri-départementale) est directement déféré au Conseil d'État (en première et dernière instance). Il n'est guère utile de passer (au préalable) par le tribunal administratif, puis par la cour administrative d'appel.

31) Celui-ci portait précisément sur l'accueil des étudiants étrangers en France.

universitaires d'environ 3300 euros pouvait apparaître comme juridiquement irréprochables (32).

L'argument n'est certes pas sans réplique ; il semblera parfois socialement insupportable ; en dépit des bourses (et donc de la quasi-gratuité de l'inscription) pour quelques étudiants. La contestation des sommes ainsi supportées par l'étudiant pourrait se fonder sur l'utilité économique et professionnelle des enseignements offerts par les structures universitaires.

Car, selon un respectable professeur, *« l'Université n'est pas l'École qui dispense des apprentissages. Or la demande sociale massive (et solvable) est aujourd'hui celle d'une formation à des métiers permettant de trouver des emplois »* (33). Il est vrai que l'argent public ne pas manque normalement pas dans ce secteur. D'après deux auteurs en effet, le sous-financement de l'université serait même une anomalie incompréhensible, au regard des milliards d'euros consacrés par la Nation à l'enseignement supérieur (34).

---

32) A l'instar du juge judiciaire, le juge administratif tranche en droit. Il n'a pas à se préoccuper de l'opportunité ou de l'inopportunité sociale ou politique d'une mesure. En revanche, avant d'introduire son recours juridictionnel, l'administré procédurier se doit de commencer par rechercher un arrangement avec l'auteur de la décision contestée (recours amiable) ou auprès de son supérieur hiérarchique (recours hiérarchique). Quel que soit celui des deux recours administratifs qu'il aura choisi, le requérant a le droit de faire valoir des arguments de droit et des arguments de fait (d'opportunité). Dans une autre branche du droit (autre que le droit administratif, en fait le droit commercial), l'on dirait que le décideur public sollicité tranche alors en amiable compositeur ; parce qu'il s'appuiera sur l'équité. Or selon la Cour de cassation, celle-ci ne serait pas une source du droit, encore que la loi elle-même prévoit que par équité les dépens du procès demeurent à la charge de celui qui l'aura pourtant gagné.

33) Hervé CROZE, Vive l'École ou l'Université ?, *D.* 2012. 747.

34) « *Les fonds ne manquant pourtant pas dans l'enseignement supérieur, nous pouvons nous interroger sur les modalités de leur répartition. Comment, en effet, ne pas être surpris qu'un certain nombre d'établissements peinent à assurer correctement leur mission d'accueil des étudiants – au prix souvent*

13. – L'adaptation du prix bas avec l'enseignement offert à l'université.

La formation en école dépasse de beaucoup le montant raisonnablement espéré par les universités de la part des étudiants. C'est un montant déjà si difficile à payer par ces derniers. En tous cas, pour dépenser peu, les universités se gardent de répartir leurs étudiants en petits groupes, lesquels conduiraient à un taux d'encadrement élevé.

À l'inverse, vu que les écoles peuvent adopter ce fonctionnement fractionné en sous-groupes, voire personnalisé, elles sont mieux à même de sauver des élèves médiocres (35). C'est-à-dire des élèves à l'assiette de connaissances restreinte et fragile. Or, dans nos facultés, les nouveaux bacheliers suivent très péniblement les cours magistraux (les CM), malgré parfois un diplôme obtenu avec mention (36). Ces CM sont des conférences savantes dont la compréhension présuppose chez l'auditeur un minimum de culture et d'instruction. Des acquis préalable apparemment rares dans les nouvelles générations (37).

---

d'une précarisation du personnel technique et administratif – quand, dans le même temps, d'autres établissements ont « la chance » d'être labélisés (Idex, Isite, Labex, etc.) créant un système à deux vitesses des plus opaque » (Mélanie JAOUL et Charles-André DUBREUIL, L'université mérite mieux ! Les comptes ne sont pas bons !, Gaz. Pal. 10 déc. 2019, n° 365r1, p. 12).

35) Jean-François CESARO, Pierre-Yves GAUTIER et Fabrice LEDUC, Peut-on cesser d'accabler les universités ? D. 2005. 2332.

36) Il y a bien longtemps que le législateur a abandonné cette désignation de faculté. On a pu parler ensuite d'UFR (Unités de Formation et de Recherche) et d'UER (Unités d'Études et de Recherche. Le substantif Département a pris le relai.

37) Hervé CROZE, Vive l'École ou l'Université ?, *D.* 2012. 747. Un ancien journaliste, candidat à l'élection présidentielle de 2022 (M. Éric Zemmour) aura axé une partie de son discours électoral sur la baisse généralisée du niveau des petits français. Sa solution est la réservation de presque tout le temps de formation aux matières fondamentales.

B. – Les pertes en argent ou en réputation dus à l'absentéisme scolaire

14. – Un manque à gagner suivi d'un déclassement de la formation.

Dans plusieurs établissements d'enseignement, surtout en matière de formation continue, le financement résulte du nombre des stagiaires et de leurs présences (quantité). C'est dire que les prévisions comptables d'une institution de formation pourraient être déjouées par l'absentéisme de quelques unes des personnes accueillies. Or, l'on admet généralement que dans les études (comme dans d'autres domaines) l'assiduité entraînerait la réussite.

Dès lors, à cause de leurs échecs, les absentéistes compromettront souvent le taux de réussite de l'institution. Le problème est que des classements concurrentiels ont lieu sur cette base ; des classements scrutés par les autorités et par le grand public. Voilà pourquoi, la structure de formation s'efforcera de tout mettre en œuvre pour réduire substantiellement l'absentéisme, voire pour faire payer les absentéistes.

15. – L'absentéisme chez les stagiaires de la formation continue aussi.

On se demande parfois pourquoi donc un adulte, pressenti ou demandeur volontaire d'un retour sur les bancs de l'école se montre éventuellement inconstant ; à l'instar de certains jeunes bacheliers (38). Il y a deux explications principales à une pareille défaillance du vieil étudiant. D'une part, la reconnexion aux études est malaisée à nombre de cerveaux déclinant.

---

38) Raymond BOURDONCLE, L'abandon dans les enseignements de promotion sociale, Revue française de sociologie, Vol. 27, No. 1 (Jan. - Mar., 1986), pp. 87-106, Sciences Po University Press on behalf of the Association Revue Française de Sociologie, https://www.jstor.org/stable/3321645.

Or, il n'est pas forcément vrai que le niveau général des nouvelles générations soit en baisse (39). Du coup, le titulaire ancien d'un diplômé se retrouvera probablement en décalage intellectuel avec ses jeunes concurrents, titulaires récents de ce diplôme (40). La deuxième explication prend deux formes, cumulatives ou alternatives (41).

D'une part, l'abandon pourrait s'expliquer par la constatation d'une exagération (d'une idéalisation) des avantages réels d'une formation même suivie jusqu'au bout. Or, ces avantages seront peut-être modestes, voire nuls. D'autre part, l'abandon de sa formation continue par l'intéressé est susceptible d'avoir pour causes l'importance des efforts (intellectuels, matériels et financiers) à déployer. C'est aussi alors le sacrifice de loisirs et d'une certaine tranquillité d'esprit de sédentaire inactif.

16. – La critique du pouvoir unilatéral des stagiaires sur la formation.

L'organisme de formation se trouve à la merci du stagiaire. Selon que celui-ci sera assidu ou irrégulier à la formation, il percevra ou ratera la somme initialement convenue pour chacune des heures de

39) C'est une controverse bien française : https://www.vibration.fr/baisse-du-niveau-scolaire-il-y-a-40-ans-qu-on-dit-les-memes-choses ; https://www.scienceshumaines.com/ecole-cette-fois-le-niveau-baisse-vraiment_fr_23509.html; https://www.letudiant.fr/educpros/enquetes/comment-la-baisse-du-niveau-en-francais-des-collegiens-et-lyceens-est-devenue-structurelle.html ;

40) Par exemple, en matière de code de la route, le nouveau titulaire d'un permis de conduire en sait davantage que ses père et grand-père qui conduiraient encore. Certes, pendant un temps plus ou moins long, il lui manquera toutefois leur maîtrise technique.

41) Raymond BOURDONCLE, précité.

formation (42). Il est vraisemblable que le Code civil originel aurait qualifié cette situation contractuelle d'obligation potestative (43).

Il affirmait en effet que : *« Toute obligation est nulle lorsqu'elle a été contractée sous une condition potestative de la part de celui qui s'oblige »* (44). L'ordonnance modificative de 2016 paraît plus explicite : *« Est nulle l'obligation contractée sous une condition dont la réalisation dépend de la seule volonté du débiteur. Cette nullité ne peut être invoquée lorsque l'obligation a été exécutée en connaissance de cause »* (45).

Le problème est de déterminer qui, dans le contrat de formation professionnelle, s'engage en face de l'organisme de formation. Sans doute n'est-ce pas le salarié bénéficiaire de la formation, même s'il est un tiers intéressé. À son égard il faudrait plutôt songer à une stipulation pour autrui (46). Certes, le mécanisme du porte-fort paraît également utilisable ; d'autant plus que l'employeur dispose d'un pouvoir sur les faits et gestes de son salarié.

---

42) La Cour de cassation (03 mai 2000) a jugé que *« le directeur de l'établissement de formation devait communiquer les états mensuels de présence de l'intéressé »* au service chargé de l'établissement de sa rémunération. Or, cela n'ayant pas été fait en temps utile, le stagiaire (un militaire en reconversion) se sera momentanément trouvé privé de revenu. D'après la Cour de cassation, ce stagiaire avait dès lors le droit de solliciter une indemnisation de la part de l'établissement défaillant. Cf. CASS. SOC. 3 mai 2000, no 98-18.046, Centre de formation professionnelle des adultes de Carcassonne. Cf. Jean-François PAULIN, Stages et stagiaires, *Répertoire de droit du travail*, octobre 2015, n° 39. Le document aurait dû être adressé sans délai au Centre territorial d'administration et de comptabilité (CTAC n 131) de l'Armée de terre.

43) Sur cette notion : Bruno DONDERO, De la condition potestative licite, *RTD civ.* 2007 p.677.

44) Code civil, ancien article 1174.

45) Code civil, article 1304-2 (nouveau).

46) Gilles AUZERO, Dirk BAUGARD et Emmanuel DOCKÈS, *Droit du travail, Précis Dalloz*, 2018, n° 380.

L'objection est que dans l'obligation de porte-fort, celui qui signe un contrat (sans mandat) s'imagine que celui-ci sera repris à son compte par le bénéficiaire. Or, le salarié se contente de bénéficier du dispositif sans par exemple prendre à sa charge le paiement des sommes dues au centre de formation. Il n'en demeure pas moins qu'un tel organisme est sacrifié par les contrats types conçus par l'administration.

Sans doute celle-ci est-elle accoutumée aux clauses exorbitantes du droit commun (47). Or, dans un contrat administratif, l'administration dispose d'un pouvoir de modification unilatérale, voire d'abandon du contrat. En revanche, la convention de formation entre un individu et une structure privée semble de nature à offrir une meilleure protection aux établissements de formation.

Tout au moins si le contrat ne provoque pas en définitive *« un déséquilibre significatif au détriment de l'étudiant »* ; en effet, ses clauses pourraient *« en conséquence être déclarées abusives et réputées non écrites »* (48).

---

47) Les clauses exorbitantes du droit commun sont celles inadmissibles (et donc nulles) dans un contrat entre personnes privées. Ces clauses transmutent le contrat (normalement privé) en contrat administratif (avec ses avantages et inconvénients).

48) Dans une espèce récemment tranchée par la Cour de cassation (19 janvier 2022), *« les conditions générales du contrat ne permettaient à l'élève de résilier le contrat qu'en cas de force majeure ou de circonstances exceptionnelles et graves, alors que la société [de formation], pouvait y procéder en cas d'incident suscité par l'étudiant, tel que l'absentéisme et un comportement contraire au règlement intérieur et, mais seulement avant le début des cours, en cas d'effectif insuffisant ou de raison pédagogique et d'organisation majeure ; d'autre part, que l'appréciation du motif de résiliation invoqué par l'étudiant était laissé à la discrétion de l'école »* (CASS. CIV. 1, 19 janvier 2022, n° 20-14.717, société Campus privé d'Alsace).

17. – La responsabilité de l'absentéiste pour déloyauté ou abus de droit.

Le concept d'abus de droit pourrait être ici convoqué au profit des organismes de formation. Car le salarié absentéiste n'est pas un tiers étranger à l'employeur (49). Ils sont si intimement liés que celui-ci (le commettant) doit répondre des agissements de celui-là (le préposé).

C'est le concept de civilement responsable (50). Une transposition pure et simple du corpus de règles de la responsabilité civile au contrat, ou bien l'inverse, est exclue. Il n'empêche que l'organisme de formation devrait bénéficier de la sollicitude du juge à qui il exposerait que dans l'opération à trois personnes à laquelle il aura participé, les deux autres parties prenantes auront volontairement compromis ses intérêts.

À cet égard, les rédacteurs du Code civil avaient entendu protéger le créancier de l'arbitraire du débiteur par l'interdiction de l'obligation potestative comme obligation conditionnelle du débiteur. L'on imagine, dans un cas extrême de déloyauté, un employeur qui, ayant trouvé un meilleur organisme de formation se libérerait de ses liens du contrat grâce à une volonté tacite d'intermédiaires. Il lui suffira en effet de demander à ses salariés de ne plus y aller.

Or, faute de séquences de formation, nulle obligation de payer le pauvre prestataire. Il semblera même qu'il n'y aura pas d'indemnisation de cet organisme, lequel aura pourtant pris des dispositions pratiques en vue des enseignements. Ses projets et son budget en souffriront alors.

---

49) Dans le cas le plus fréquent de stipulation pour autrui, à savoir l'assurance pour autrui, le tiers bénéficiaire peut continuer le versement des cotisations d'assurance à la place du stipulant devenu défaillant. Mais ce sera dans son propre intérêt.

50) Certes, les père et mère sont également des civilement responsables. Quoique devant répondre de la responsabilité civile de leur rejeton, les parents sont exonérés de ses éventuels engagements contractuels (les crédits).

18. – L'évitement de pertes aux établissements en cas de dette ferme du stagiaire.

En France, un volume important de la formation professionnelle est assuré par les établissements publics. C'est-à-dire des structures dont la réalisation de profits n'est pas la finalité première, et dont le financement provient de crédits publics annuels. Mais des entreprises privées, souvent préalablement agréées, concourent aussi à la nécessaire prise en charge de besoins d'acquisition ou de perfectionnement de compétences.

Tous ont des calculs prévisionnels fondés sur des ressources tributaires du nombre de stagiaires accueillis. Dans ces circonstances, les désistements de ces derniers nuiront à la pérennité des entreprises en question. Or sans doute les abandons et les absences seraient-ils moindres si l'obligation de payer était définitive, pure et simple.

Autrement dit, la somme promise serait exigible même si, finalement, le stagiaire décidait de se passer des connaissances et habilités convenues. Paradoxalement, le législateur laisse les opérateurs de la formation professionnelle à la merci de stagiaires au comportement inconséquent et désinvolte (51).

19. – La limitation de la dette du stagiaire aux seules prestations reçues.

Le stagiaire ne semble pas davantage devoir répondre de son absentéisme lorsqu'il finance lui-même sa formation professionnelle. En effet, s'il peut être conduit à verser 30 % du prix convenu dans la quinzaine de la signature de la convention de formation, c'est en revanche progressivement qu'il s'acquittera du

---

51) « *En cas d'inexécution, le formateur doit rembourser à l'entreprise les sommes dont elle se trouve de ce fait redevable (Com., 3 déc. 1985, Bull. civ. IV, n° 10)* » (Gilles AUZERO, Dirk BAUGARD et Emmanuel DOCKÈS, Droit du travail, Précis Dalloz, 2018, n° 380.)

reste de sa dette. Plus précisément, dit la loi : *« Le solde donne lieu à échelonnement des paiements au fur et à mesure du déroulement de l'action de formation »* (52).

Cela sous-entend une exonération s'il ne bénéficiait pas de la suite et/ou de la fin des séquences de cours. L'organisme de formation qui y dérogerait (perception rapide et/ou défaut d'échelonnement) se mettrait en infraction : une amende de 4500 € (53). Peu importe que le stagiaire insiste pour tout payer ; par exemple afin de se débarrasser de la dette et ne point utiliser ses fonds à des dépenses moins utiles.

Une disposition du Code du travail laisse toutefois perplexe. À savoir l'institution de cette sanction pour l'exigence du paiement de prestations *« au stagiaire empêché de suivre la formation par suite de force majeure dûment reconnue »* (54). En effet, le principe est que : *« Si, par suite de force majeure dûment reconnue, le stagiaire est empêché de suivre la formation, il peut rompre le contrat. Dans ce cas, seules les prestations effectivement dispensées sont rémunérées à due proportion de leur valeur prévue au contrat »* (55).

20. – Les enjeux des classements et palmarès des universités.

Depuis quelques décennies, les universités et écoles, ainsi que leurs enseignants-chercheurs, sont davantage hiérarchisés et classés. Des classements faits par des cénacles privés (nationaux ou internationaux) qui se rajoutent aux ministérielles accréditations des structures d'enseignement et de leurs offres de formation. En

52) Code du travail, article L6353-6.
53) Code du travail, article L6353-20.
54) Code du travail, article L6355-21.
55) Code de commerce, article L6353-7.

gros, leur production scientifique doit être prolifique et être citée comme référence par d'autres chercheurs à travers le monde (56).

Ces divers classements sont de nature à pousser à des progrès dans l'organisation et le fonctionnement des structures concernées. Encore qu'une institution puisse considérer qu'elle déploie vraiment trop d'effort et veuille finalement les réduire (57). C'est rarement le cas en pratique, car l'on ne revient guère sur les droits acquis. Et puis les économistes recommandent au contraire d'accentuer son avantage compétitif ou avantage concurrentiel par rapport aux autres nations.

Comme dirait l'homme de la rue, il ne faut pas dormir sur ses lauriers ; l'on évitera donc de se fourvoyer dans la maxime selon laquelle : *« quand je me regarde je me désole, quand je me compare, je me console »* (58). En tous cas, une institution universitaire dont les enseignants-chercheurs auraient peu le cœur à l'ouvrage (paresse,

---

56) Si les résultats des sciences dures sont facilement adoptés ailleurs que dans le pays d'origine, il en va différemment pas pour le droit. Car la souveraineté des États et la territorialité du droit font que les règles en vigueur dans un pays ne s'appliquent pas (en principe) dans les pays, voisins ou lointains. Certes, des efforts d'unification, ou tout au moins d'harmonisation existent. Concrètement, des groupes de pays se donnent les mêmes règles (c'est l'unification) ou des règles très proches (c'est alors une harmonisation). Dans l'Union européenne, les règlements constituent du droit unifié, tandis que les directives renferme un droit harmonisé (que les États membres transposeront (acclimateront) dans leur droit national. Cela étant, le droit romain irradie encore le droit contemporain continental, et même le droit anglophone de la common Law ; il s'impose encore aujourd'hui tout naturellement à l'intellectuel.

57) Ainsi, lors de la publication du 3e rapport de la CEPEJ, le Portugal a pris connaissance des salaires des magistrats pratiqués dans les autres pays. La réaction fut alors immédiate : les juges professionnels portugais ont vu leur rémunération baisser de 10 % (Clémentine KLEITZ, Qui aime bien, compare bien *Gaz. Pal.* 27 sept. 2012, p. 3).

58) Cette maxime de Talleyrand (Charles Maurice, prince de Talleyrand-Périgord) est parfois présentée comme proverbe québécois.

insouciance, absentéisme) figurera fatalement dans les profondeurs des classements en question. Il faudrait d'ailleurs les questionner.

21. – La critique des classements des universités.

Les classements dont les universités font l'objet sont contestables et contestés (59). D'abord, parce que l'esprit de chapelle conduit ceux qui écrivent des livres et des articles à citer prioritairement les travaux de leurs maîtres, de leurs condisciples et de leurs disciples. Ensuite, par snobisme ou par esprit révérenciel (ou de courtisanerie), l'on renvoie de préférence aux œuvres des professeurs (agrégés) plutôt qu'à celles d'obscurs tâcherons du droit.

Certes, une telle attitude restrictive semble être une précaution compréhensible ; car toutes les œuvres ne peuvent être lues (masse importante, qualité inégale). Ainsi, il n'y a pas toujours (à dénoncer) une conspiration du silence (60). D'un autre côté, une poignée d'universitaires (ambitieux et/ou malhonnêtes), même de pays et de continents différents, pourraient s'engager dans un pacte de citations réciproques (entre eux).

---

59) Christine MUSSELIN, La grande course des universités, SciencesPo, 2017 : « *Une lecture indispensable pour comprendre les politiques actuelles de la recherche et nourrir le débat sur les politiques éducatives* ». Yves LABERGE, Que valent vraiment les classements des grandes universités ? 13 nov. 2019. L'auteur présente l'ouvrage critique (Academic Capitalism: Universities in the Global Struggle for Excellence) d'un éminent et émérite professeur allemande de sociologie, Richard Münch. https://www.affairesuniversitaires.ca/opinion/lu-pour-vous/que-valent-vraiment-les-classements-des-grandes-universites/. Gary DAGORN, Universités : pourquoi le classement de Shanghai n'est pas un exercice sérieux, https://www.lemonde.fr/les-decodeurs/article/2016/08/16/universites-le-classement-de-shanghai-fortement-discute_4983511_4355770.html. Adam BARBE. « *L'université dans la mondialisation : les classements internationaux et leurs effets pervers* », Regards croisés sur l'économie, vol. 16, no. 1, 2015, pp. 254-259.

60) Danièle LOCHAK, La profession d'universitaire face à la question de l'engagement, *Droit social* 2006. 1079.

C'est une entente frauduleuse qu'un algorithme détectera peut-être, contrecarrant ainsi donc la quête de gloriole attachée à la figuration de son nom et de celui de son employeur dans les catalogues et index universitaires.

22. – L'oubli des universités africaines du panel des universités comparées.

La relativité des classements internationaux des structures universitaires vient aussi de ce que beaucoup d'établissements de formation, en particulier ceux d'Afrique, ne peuvent jamais espérer y figurer, puisqu'ils ne sont même pas examinés. L'on ose imaginer les ressorts nauséabonds d'une semblable exclusion d'emblée des Africains.

Certes, au milieu des années 80, le taux de réussite à l'université de Libreville (Gabon) était particulièrement bas. Ainsi, sur 200 étudiants inscrits en première année de DEUG, moins d'une dizaine arrivaient en année de maîtrise (Bac+4) sans avoir jamais redoublé (61). Les rescapés de cette impitoyable sélection pouvaient-ils prétendre à des études doctorales, au même titre que leurs homologues formés en France ? La réponse est positive. Ils s'inscrivaient en DEA, puis en doctorat, dans une université partenaire ; celle de Nancy (université de Lorraine).

Du reste, quelques uns d'entre eux, qui choisissaient d'autres universités françaises y auront néanmoins réussi. Certains ont même été qualifiés aux fonctions de maître de conférences par le CNU ; et d'autres parmi eux seront parvenus aux fonctions

---

61) On doit à la vérité de préciser que nombre d'étudiants gabonais étaient convaincus que « *la Faculté c'est facultatif* ». Ce qui voulait dire qu'ils pouvaient pratiquer l'absentéisme à leur guise. Un pareil défaut d'assiduité n'était certainement pas susceptible de favoriser leur réussite.

correspondantes en France. Tel est le cas de l'auteur du présent ouvrage et de son directeur de thèse (62).

À l'évidence, le taux de déchet est particulièrement élevé à la faculté de droit de Libreville ; mais n'est-ce pas le prix de la sélectivité ? Cela étant, le taux de réussite des IUT dépasse parfois les 80 %, sans que pour autant le niveau des étudiants soit taxé de médiocrité.

23. – L'attrait des classements pour les professeurs et les étudiants.

Quelques enseignants sont consternés de ce que beaucoup de leurs collègues soient obnubilés par la performance attendue des élèves, voire des étudiants et des stagiaires (63). Mais, dans une société de compétitivité et de performance, de tels états d'âme pèsent peu. À cet égard, un candidat à la présidence de la République aura précisément dénoncé *« l'obsession de l'inclusion »* des élèves en situation de handicap dans des classes où les excellents élèves finissaient par s'ennuyer (64).

Au fond, tant les populations que leurs dirigeants se refusent à tirer les conséquences ultimes de la sélectivité et de la méritocratie qu'ils appellent de leurs vœux. Or, par exemple l'égalité entre tous les

---

62) L'un (Clotaire Mouloungui) est maître de conférences hors classe à l'Université de la Côte d'Opale, et l'autre (Augustin Emane) est maître de conférences HDR à l'Université de Nantes.

63) Un certain Jésu, pourtant conscient de prêcher dans un désert d'indifférence insiste pour « *alerter sur le fait que l'attention se trouve ainsi détournée de la référence, pourtant plus pertinente et plus opérationnelle, aux notions de «progression» et de «progrès» : celles-ci, en effet, signalent qu'un chemin est suivi et qu'une promesse de découverte de l'inconnu motive cet engagement sans que la «réussite» ou l'«échec» ne le sanctionnent* » (Frédéric JÉSU, Face aux concepts envahissants de "réussite" et d'"échec", penser et agir l'éducation scolaire en terme de "progrès", Journal du droit des jeunes 2011/4 (n° 304), pages 8 à 11).

64) https://www.lemonde.fr/election-presidentielle-2022/article/2022/01/17/handicap-eric-zemmour-trebuche-sur-son-obsession-de-l-inclusion_6109774_6059010.html.

enfants passent par une offre généralisée de moyens adéquats ; dont ceux qui permettent l'assiduité (65).

24. – L'effet réciproque d'entraînement (vers le haut) entre enseignants et étudiants.

Il y a une attractivité des établissements d'enseignement qui ont de bons résultats. Les parents y envoient volontiers leurs enfants qui, eux-mêmes, trépignent d'impatience de s'y trouver. En pratique, il y a une sélection à l'entrée : le dossier du candidat doit plaider en sa faveur, relativement à l'assiduité et au travail. Dans de tels établissements, et face à des étudiants manifestant une soif d'apprendre, le professeur se surpasse : il a plaisir à dispenser son cours.

Apparemment, les bons élèves attirent les bons professeurs, à moins que ce soit l'inverse (66). En tous cas : *« Il est de l'intérêt naturel des universités d'attirer à elles les meilleurs étudiants. Les classements internationaux ont à l'origine pour fonction d'orienter les étudiants, dans le contexte d'un marché académique globalisé, vers les*

---

65) L'un de ceux-ci est la préparation de l'entretien de recrutement. Outre la formation théorique préalable, il y a des simulations d'entretiens de recrutement, avec indication par la suite des points forts qui se seront manifestés et des points faibles qui auront transparu. Ainsi, pendant l'été 2013, l'École des hautes études appliquées en droit (HEAD) avait organisé deux sessions dans ce but. Tout au moins, afin de pouvoir être accueilli comme stagiaire dans un cabinet d'avocats. Deux particularités de l'opération sont à noter : l'ouverture à tous ; la gratuité du service (Anne Portmann, Une formation gratuite pour décrocher un stage en cabinet d'avocats, AD, 23 juillet 2013).

66) Dans le même esprit, l'adage populaire enseigne que l'on ne prête qu'aux riches. Pourquoi donc une pareille prévention à l'encontre des pauvres ? Parce que si l'emprunteur riche ne rembourse pas spontanément, quelques uns de ses biens seront saisis, puis vendus aux enchères publiques ; de façon que le prix obtenu serve à désintéresser ses créanciers impayés. Or un pauvre ne possède pas de biens saisissables.

meilleurs spécialistes des diverses disciplines. Le modèle universel de l'université d'élite aboutit ainsi à une convergence tendancielle des meilleurs étudiants vers les meilleurs établissements » (67).

25. – L'inconstance d'étudiants financés pour une thèse de doctorat.

Le nombre de thèses soutenues dans une université contribue à sa réputation ou à grandeur. Mais encore faut-il que les recherches commencées soient le plus souvent possible menées à terme. C'est difficilement le cas si le doctorant (ou thésard) ne peut exclusivement se consacrer à son travail de recherche.

Peut-être parce qu'il doit aussi échanger sa force de travail encore disponible contre une activité rémunératrice. Celle-ci pouvant d'ailleurs relever d'un domaine éloigné du commerce des idées. Aussi est-il désormais parfois proposer aux doctorants une sorte de contrat de travail de trois ans à l'université. L'intéressé a dès lors un revenu régulier durant la période de production scientifique projetée (68).

---

67) Hugues RABAULT, Le statut constitutionnel de l'université, *LPA* 24 avril 2018, n° 135m8, p. 6. En vérité, dans le système français, les professeurs titulaires sont tous des fonctionnaires présélectionnés (scientifiquement) par le Conseil National des Université (CNU) en vue de figurer sur des listes d'aptitude professorale. C'est dans ces viviers que les universités sont tenues de piocher les profils en adéquation avec leurs postes à pourvoir (de professeurs ou de maitres de conférences). On notera en outre que les professeurs titulaires (des écoles, collèges et lycées) sont recrutés par concours. Et, pendant longtemps, un inspecteur d'académie se rendait dans les classes pour vérifier les qualités pédagogiques de ces fonctionnaires.

68) Décret n°2009-464 du 23 avril 2009 relatif aux doctorants contractuels des établissements publics d'enseignement supérieur ou de recherche. La nature juridique du contrat est discutable. Est-ce un contrat de travail (de droit privé) ou un contrat administratif ? Il est entendu que le bénéficiaire consacre la majeure partie de son temps à la rédaction de l'ouvrage doctoral à soutenir, et une autre partie à des tâches universitaires (TD,

Malgré un environnement censé accompagner les intéressés dans la réalisation de leur ouvrage doctoral, nombre d'entre eux se révèlent néanmoins furtifs (69). Cela veut dire qu'ils *« s'évaporent hors de l'Alma Mater sans laisser de trace scientifique sur l'écran radar, à défaut d'avoir soutenu leur thèse »* (70).

Quand un tel abandon survient seulement à l'échéance du contrat, le thésard défaillant aura donc fait dépenser au moins 90.000 € à la collectivité publique. Or, les budgets des universités sont particulièrement contraints. Encore que dans l'intervalle, l'intéressé aura été utile aux jeunes étudiants (TD, accompagnement) et aux professeurs eux-mêmes (logistique de colloques, aide à la correction de copie).

Il n'empêche que ce sont des occupations ponctuels, quoique peut-être intenses (192 H). En comparaison, et pour une occupation cette fois à plein temps, l'ingénieur de recherche perçoit 110.000 € par an ; et l'ingénieur d'études, 98.000 €. Plus généralement, le titulaire du contrat doctoral se sera vu verser presque la moitié du traitement d'un maître de conférences (71).

---

accompagnement des étudiants, logistique de colloques, etc.). Par ailleurs, un contrat est administratif par détermination de la loi, ou bien par construction prétorienne, au cas où le cocontractant de l'administration s'attèlerait à des tâches pour lesquelles le service public employeur aura été créé.

69) « *Dans le milieu universitaire, l'arrêt de la thèse est souvent teinté de non-dits. Les concernés cessent de venir au labo, leur engagement se dilate petit à petit, et puis un jour ils disparaissent, et personne ne se pose de question* ». Propos de Marianne LE GAGNEUR, rapportés par Léonor LUMINEAU, Quand des doctorants jettent l'éponge, La Matinale du Monde, vendredi 25 juin 2021. Marianne est une apprentie sociologue créatrice du podcast « Thésard-es », qui a consacré quatre épisodes au sujet de l'arrêt de thèse dès le début d'année.

70) Caroline CHAMARD-HEIM et Philippe YOLKA, La bourse et la (belle) vie, Sur une curiosité universitaire : le contrat doctoral sans doctorat, *AJDA* 2021. 1607.

71) Idem.

26. – L'idée d'une obligation de résultat à la charge des doctorants financés.

Si l'Université pouvait prévoir avec certitude les abandons des thésards financés, sans doute créerait-elle plutôt d'autres postes ; ceux dont ses usagers ont grandement besoin (secrétaires, infirmières, psychologues, etc.). Pour s'assurer de la disponibilité et du sérieux des thésards en question, il est suggéré la stipulation d'une obligation de résultat dans leurs contrats.

En cas de départ anticipé ou de présence seulement symbolique d'un thésard, celui-ci en répondrait financièrement ; l'on songe à *« des actions en récupération engagées, le cas échéant »* (72). Cette ambition de rétorsion exclut la voie pénale, puisque la gabegie contre l'administration ne constitue pas une infraction. Car si même des administrateurs formés et nommés pour sauvegarder les intérêts publics ne sont pas inquiétés pour des dépenses inutiles, l'on voit mal comment il pourrait en aller rigoureusement à l'encontre des thésards défaillants (73).

---

72) Ibidem.

73) « *Aucune règle écrite (législative, réglementaire, interne, contractuelle, etc.) n'interdit d'acheter un bien inutile ou, plus globalement, un bien trop coûteux au regard de son utilité. Le gaspillage, contrairement à certains droits publics financiers étrangers, ne constitue pas une incrimination sanctionnée par le juge répressif de la gestion publique. Ceci pourrait d'ailleurs paraître surprenant pour le citoyen non familier des procédures des juridictions financières : le gaspillage « pur », si l'on peut dire, c'est-à-dire sans violation formelle de règle, n'est pas sanctionné (ces cas-là de mauvaise gestion relèvent plutôt du fameux rapport public annuel de la Cour des comptes)* » (Nicolas GROPER et Christian MICHAUT, Le directeur, l'autobus et les intérêts matériels d'un établissement public, AJDA 2009. 476).

27. – La responsabilité de la structure de formation envers son professeur victime de l'absentéisme.

L'organisme gratuit de formation risquera quelquefois d'avoir à dépenser de l'argent en conséquence de l'absentéisme des stagiaires. Le cas est survenu à l'école normale nationale d'apprentissage de Paris-Sud. Un professeur de psychopédagogie a entendu être indemnisé (par l'État), au moyen d'une somme de 50.000 francs (aujourd'hui 7692 €), du fait que le directeur de cette école soit resté inactif face à un absentéisme concerté et systématique à ses cours (74).

Le tribunal administratif de Paris (3 juillet 1987) avait rejeté cette prétention. Au contraire, la cour administrative d'appel de Paris (16 mai 1989) lui aura donné raison au requérant (75). La raison est que le directeur de l'établissement disposait d'un pouvoir hiérarchique qui lui permettait d'exiger des stagiaires une présence assidue aux cours (ainsi désertés).

En tous cas, l'enseignant s'était retrouvé dans l'impossibilité d'exercer sereinement son activité professorale. Il en aura nécessairement

---

74) Cour administrative d'appel de Paris, 1ère chambre, 16 mai 1989. Le problème s'était posé pendant l'année scolaire 1984-85. Les absentéistes étaient professeurs-stagiaires en formation dans l'école en question.

75) Les motifs de son arrêt sont que : « *il résulte des dispositions statutaires applicables aux élèves des écoles normales nationales d'apprentissage [...] que les professeurs stagiaires ont l'obligation d'assister aux cours organisés en vue de leur formation ; qu'il appartenait, en conséquence, au directeur de l'établissement, alors même que, comme l'indique le ministre, les élèves auraient été présents dans d'autres salles de l'école aux heures prévues pour les cours de M. Brochard, d'user de son pouvoir hiérarchique pour prendre les mesures propres à assurer la présence des élèves aux cours ou, le cas échéant, à les sanctionner pour leur absence ; qu'en s'abstenant de toute initiative, le directeur de l'école, à qui incombait le contrôle du respect de leurs obligations statutaires par les professeurs-stagiaires, a implicitement accepté que ces obligations ne soient pas satisfaites ; qu'il a ainsi commis une faute de nature à engager la responsabilité de l'État* ».

subi un préjudice moral et une atteinte à sa réputation. D'où l'octroi, à son profit, des dommages-intérêts voulus ; mais le dixième seulement de la somme réclamée. Il est vrai que le juge tranche volontiers infra petita ; c'est-à-dire qu'il accorde presque toujours moins que la demande (76).

28. – La preuve de l'assiduité au moyen d'instrumentum.

À l'issue du stage, le stagiaire reçoit la preuve de son assiduité. Cela est exigé par le Gouvernement selon qui *« l'organisme de formation délivre, à la fin du stage, une attestation d'assiduité que l'intéressé remet à son employeur lorsqu'il reprend son travail »* (77). Est-ce exactement la même attestation (dans le contenu), pour tous les stagiaires ? Sans doute est-il remis au salarié un récapitulatif de ses absences, avec une distinction entre celles qui étaient justifiées et celles qui ne l'étaient pas.

Comme le document risquerait d'être saturé de mentions, il vaut mieux ne répertorier que les présences, lesquelles sont logiquement la règle pour tout stagiaire. Cela étant, l'on se demandera si le caractère justifié (ou injustifié) des absences à la formation pourrait ensuite être discuté par l'employeur. Le cas échéant, aucun procès n'adviendra probablement si cet employeur se mettait à considérer comme justifiée une absence que l'organisme de formation n'avait pas cru devoir excuser.

---

76) Sauf en matière pénale, où le juge est susceptible d'aller au-delà des réquisitions du ministère public. Comme en matière civile le juge octroie presque toujours au plaideur moins que ce qu'il sollicite, l'on dit savamment qu'il se prononce infra petita. L'inverse est extra petita, ou encore, ultra petita. Cette jurisprudence radine incite les justiciables à réclamer des montants exagérément élevés. En tous cas, le juge se croit obligé de ne pas tenir compte. Le plaideur qui demanderait juste ce qui convient risquerait d'être perdant dans un tel jeu de dupes.

77) Article 1er-I du décret n° 2017-1819 du 29 déc. 2017, introduit dans le Code du travail comme article R2315-15.

Mais, quid de l'inverse ? A notre avis, le pouvoir de l'employeur ne pourra se déployer ici. Car il ne saurait rétroactivement sur un droit acquis. Il restera à notre employeur la faculté d'adresser ses observations à cet organisme, voire de ne plus traiter avec lui à l'avenir. Encore faut-il qu'un tel choix lui soit ouvert ; notamment si plusieurs organismes existent.

29. – La ténacité du stagiaire comme autre manifestation de son assiduité.

Encore une fois, l'assiduité n'est pas toujours mesurée sur la base du nombre de déplacement vers un lieu de formation et le temps passé sur place. La bonne volonté (ou la ténacité) du stagiaire est pris en compte. En effet, lit-on dans le Code du travail, l'assiduité du stagiaire se détermine aussi *« par le rapport entre la durée estimée de l'exécution des travaux effectivement réalisés par le stagiaire et vérifiés par l'établissement et la durée estimée nécessaire pour réaliser tous les travaux prévus chaque mois »* (78).

Du coup, la présence physique, ainsi que le travail intellectuel, constituent ensemble l'assiduité souhaitée pour le stagiaire convenable. Si la formation promise au stagiaire doit se dérouler à distance (totalement ou en partie), un programme de ses efforts personnels (appelé plan de formation) est établi avec l'organisme de formation.

Un calendrier mensuel énonce la nature des travaux à effectuer, et fixe le temps de travail indispensable. Il établit en outre les modalités de vérification de l'accomplissement des travaux demandés (79). À cet égard, des carences sont à craindre à propos de l'effort attendu. Le défaut d'assiduité est également envisageable lorsque les

78) Code du travail, art. R. 6341-13, 2°.
79) Code du travail, articles R6341-12 et 13.

séquences de formation sont plutôt offertes dans le centre même. En ce cas, le stagiaire subira *« des retenues proportionnelles »* (80).

30. – L'indu du stagiaire au final indigne de l'aide de la collectivité.

Passe encore que de temps à autre un stagiaire s'absente des cours. En revanche, l'on comprend difficilement sa décision de fuir les examens, terminaux ou seulement partiels. Le législateur condamne avec rigueur cette défaillance comportementale. En effet, les absences sans motif légitime *« aux séquences d'évaluation pédagogique en centre donnent lieu au reversement de la rémunération perçue depuis la dernière séquence, ou à retenue de la rémunération due depuis celle-ci »* (81).

Quant à l'abandon injustifié du stage, ou en cas de renvoi pour faute lourde, une charge financière conséquente s'abat sur le stagiaire. Certes, il ne fera que rembourser l'État et/ou la Région de leurs débours (82). Une telle personne publique l'aura rémunéré durant le temps de formation ou elle aura remboursé l'employeur ayant maintenu le salaire au salarié en formation.

Non seulement le stagiaire fautif remboursera les sommes personnellement perçues, mais en plus, il répondra des cotisations

---

80) « *Les rémunérations versées aux stagiaires et les rémunérations remboursées aux employeurs ainsi que, le cas échéant, les sommes payées au titre des cotisations de sécurité sociale afférentes à ces rémunérations, font l'objet de retenues proportionnelles à la durée des absences non justifiées aux séances de formation* » (Code du travail, article R6341-45).

81) Code du travail, article 6341-46, alinéa 1.

82) Code du travail, article 6341-47. « *Le recouvrement des sommes indûment versées est opéré, suivant le cas, soit par le préfet lorsque le reversement n'a pu être obtenu par l'organisme auquel a été confiée la gestion de la rémunération, soit par l'Agence de services et de paiement, soit par le président du conseil régional. // A titre exceptionnel, une remise partielle ou totale de dette peut être accordée, suivant le cas, par le préfet, par l'Agence de services et de paiement ou par le président du conseil régional* » (Code du travail, article 6341-48).

de sécurité sociale afférentes à ses rémunérations. La Cour de cassation n'admet, pour sa part, une action en remboursement de l'indu que contre le solvens ; celui qui a perçu la somme litigieuse par erreur ou par manœuvre (83).

31. – Le pouvoir disciplinaire de l'employeur sur le stagiaire absentéiste.

L'employeur qui envoie son salarié en formation professionnelle en attend des compétences alors maintenues ou améliorées. Le salarié doit dès lors mobiliser son intelligence et son énergie pour se qualifier. Un abandon ou seulement de l'absentéisme à la formation reviendra à commettre une faute grave. Ce fut le cas dans une affaire où une association entendait recruter un moniteur-éducateur de plus.

Faute d'en trouver (qui fut déjà formé et opérationnel), l'association se replia vers un individu ayant alors promis de suivre la formation indispensable (d'éducateur spécialisé). Cela, aux frais de l'employeur, pour 2.610 heures. Malheureusement, l'intéressé a ensuite semblé manqué d'intérêt pour cette formation. De sorte qu'il ne se sera rendu qu'irrégulièrement au centre qui l'attendait donc vainement.

D'ailleurs, le décompte de ses absences mentionnait 45 heures ; c'est-à-dire davantage que la durée d'une semaine de travail ; 38 heures manquaient d'excuse (84). De fait, non seulement l'institut de formation ignorait ce que devenait ce stagiaire, l'employeur ne le savait pas davantage. Or, aux termes de leur convention tripartite,

---

83) Jean-Michel BELORGEY, De la répétition de l'indu en matière de prestations sociales, RDSS 2008. 321.

84) « *Humainement, rien n'interdit à un salarié de ne plus pouvoir se rendre à un stage de formation. Cela étant, lorsqu'une telle situation se produit, il doit adopter un comportement loyal envers son employeur* » (Laurence TUR, Social - Formation Professionnelle - L'assiduité fortement recommandée !, Juris associations 2011, n°440, p.42).

ce dernier était tenu d'informer l'organisme de formation de la moindre absence connue. Naturellement, une fois que lui-même eût reçu les justificatifs de son salarié en stage.

En l'espèce, l'employeur n'aura pu s'acquitter de cette obligation (morale), sans conséquence juridique et financière particulière à son encontre. Tout au plus pouvait-il craindre une désapprobation silencieuse des observateurs pour avoir confié un salarié fantaisiste au centre. D'où le licenciement du stagiaire, lequel se trouva doublement pénalisé : pas de préavis, et pas d'indemnité de licenciement (85).

85) Idem.

L'EXCLUSION DE LA GRÈVE COMME FORCE MAJEURE EXONÉRATOIRE

Clotaire MOULOUNGUI
Maître de conférences hors classe à l'ULCO (académie de Lille)
Ancien Chef du Département Gestion des Entreprises et des Administrations
Responsable de la licence professionnelle Métiers de la Gestion et du Social

Résumé : Un employeur peut entendre se retrancher derrière la grève de son personnel et derrière l'apparente force majeure consécutive pour ne pas avoir à assumer de dommages-intérêts envers ses cocontractants. Hélas pour lui, une semblable tentative se soldera en général par un échec. Cela s'explique par la difficulté de réunir cumulativement les trois conditions de la force majeure. Toutefois, une affaire relative à la SNCF donne à penser que des exceptions sont envisageables.

Mots clefs : Force majeure ; critères ; grève ; dommages-intérêts ; exonération rarissime par le force majeure.

Abstract : An employer may seek to hide behind a staff strike and the apparent resulting force majeure to avoid having to pay damages to its co-contractors. Unfortunately for the employer, such an attempt will generally end in failure. This is explained by the difficulty of cumulatively meeting the three conditions of force majeure. However, a case involving the SNCF suggests that exceptions are possible.

Keywords : Force majeure; criteria; strike; damages; extremely rare exemption through force majeure.

1. – La réunion rarissime des trois conditions sauf dans l'affaire SNCF.

Un employeur peut entendre se retrancher derrière la grève de son personnel et derrière l'apparente force majeure consécutive pour ne pas avoir à assumer de dommages-intérêts envers ses cocontractants (86).

Hélas pour lui, une semblable tentative se soldera en général par un échec. Cela s'explique par la difficulté de réunir cumulativement les trois conditions de la force majeure. Toutefois, une affaire relative à la SNCF donne à penser que des exceptions sont envisageables.

A. – Le cumul difficile des trois conditions de la force majeure

2. – L'exclusion de la grève comme force majeure exonératoire de l'employeur.

Le sous-effectif entraîné par l'absentéisme empêchera parfois une entreprise d'honorer ses engagements en prestations de services ou en fabrication de produits. Un tel sous-effectif ne provient pas toujours d'un recrutement insuffisant de personnel. En effet, un mouvement de grève est susceptible d'en être la cause.

La grève étant constitutionnellement garantie, les salariés mettant en œuvre leur droit n'ont rien à craindre comme mesure de rétorsion de la part de leur employeur esseulé. Mais ce dernier peut-il lui aussi prétendre bénéficier, par ricochet, de ce parapluie juridique quand des indemnisations lui sont réclamées par ses propres partenaires ? Cette question est posée autrement dans un célèbre précis écrit à six mains.

À savoir : *« La grève exonère-t-elle l'employeur de sa responsabilité contractuelle envers ses cocontractants si elle entraîne retard dans*

86) Sandy STEEL, Les défenses en matière de responsabilité contractuelle et extracontractuelle en droit français, *RDC* déc. 2019, n° 116q0, p. 262.

les livraisons, défectuosité des produits ? La réponse est en principe négative, dès lors que la grève ne remplit pas les critères de la force majeure » (87).

La seconde portion de la réponse admet deux interprétations possibles. Soit que jamais l'on ne peut invoquer la grève comme déclencheuse de la force majeure. Soit que la grève ne produit d'effet exonératoire que dans les cas où elle remplit les conditions de la force majeure. La seconde acception paraît être la bonne.

Il convient néanmoins de redire que : *« La force majeure (en tant que cause d'exonération du débiteur défaillant) fait partie de ces notions dont la notoriété est inversement proportionnelle aux applications concrètes et positives dont elle fait l'objet. Ce constat est partagé par les civilistes et les administrativistes »* (88).

3. – Les trois critères de la force majeure libératrice du débiteur défaillant.

D'après un adage juridique, *« à l'impossible, nul n'est tenu »*. C'est-là une formulation assimilable à la force majeure. L'idée de départ de l'adage est l'impossibilité, pour le débiteur, de satisfaire son cocontractant. Mais sa défaillance ne pourra alors lui être reprochée ; ni en amont (par facilitation du problème) ; ni en aval (pour passivité face au problème).

La force majeure est l'une des échappatoires du débiteur ; c'est l'une des causes d'extinction des obligations sans satisfaction (financière ou morale) du créancier (89). Trois critères doivent toutefois être

---

87) Gilles AUZERO, Dirk BAUGARD et Emmanuel DOCKÈS, précité, n° 1549.

88) Frédéric LOMBARD, Quand l'administration est responsable de la faute de son cocontractant, *AJDA* 2022. 54.

89) Il y aura une satisfaction morale (du créancier impayé) en cas de remise de dette par le créancier qui se priverait volontairement de son droit d'exiger le recouvrement. La satisfaction financière (du créancier) se retrouve par exemple dans la compensation. En revanche, l'extinction du contrat ou de la créance est pénible en cas de forclusion, de prescription, ou de perte de

simultanément réunis par la grève, de façon à entraîner une exonération au titre de la force majeure.

Ce sont l'imprévisibilité (90) ; l'irrésistibilité (91) ; et l'extériorité (92). Ces conditions autrefois dégagées par la jurisprudence et la doctrine ont enfin été consacrées par le Code civil lui-même (93).

4. – La condition d'irrésistibilité de la force majeure.

Le critère d'irrésistibilité de la grève renvoie au fait que le débiteur se prévalant de la force majeure n'aura pas disposé d'une solution de

---

la chose sans faute du débiteur. Enfin, à mi-chemin entre ces hypothèses, il y a les cas où le patrimoine du créancier et celui du débiteur reviennent simplement à leur situation antérieure : annulation ; résolution, résiliation ; rescision pour cause de lésion.

90) Il a été jugé que : « *un mouvement de grève ne constitue un cas de force majeure pour le capitaine d'un navire que si la preuve du caractère imprévisible de la grève est établie et a interdit totalement au bateau d'exécuter le mouvement prescrit par l'officier du port* » (Gilles BACHELIER, contraventions de grande voirie, Répertoire du contentieux administratif / Voirie, septembre 2006). Par ailleurs, « *[...] le critère d'imprévisibilité est apprécié au moment de la conclusion du contrat : or, il va de soi qu'une grève déclenchée par des directives gouvernementales en matière de salaires est imprévisible lors de la conclusion d'un contrat d'abonnement dix ans auparavant* » (Philippe TERNEYRE, Grève dans les services publics, Répertoire de droit du travail, janvier 2016, n° 457).

91) C'est l'impossibilité d'éviter l'inexécution, et donc le dommage. Évitement grâce au recours à une solution de rechange. La version du Code civil issue de l'ordonnance de 2016 insiste sur le caractère raisonnable de l'effort exigé du débiteur pour qu'il honore son obligation originelle. Par exemple, l'exécution forcée en nature est exclue « *s'il existe une disproportion manifeste entre son coût pour le débiteur et son intérêt pour le créancier* » (art. 1221).

92) Le fait dommageable pour lequel la force majeure est convoquée ne doit pas provenir du débiteur en quête de l'exonération. Pire, ce fait ne doit pas davantage provenir d'une personne assimilable au débiteur.

93) Il faut lire l'article 1218. Notons que l'article 1148 (du même Code civil), qui était autrefois le siège de la matière, était moins clair.

rechange pouvant lui permettre de quand même honorer son obligation contractuelle. Or, tout le personnel n'entre pas forcément en grève : les salariés subsistants accompliront dès lors les tâches des absents (94).

Autrefois, à une époque où il était légal et légitime de briser une grève (notamment en allant chercher des ouvriers de remplacement), le bénéfice de la force majeure était logiquement refusé à l'employeur qui n'avait pas cru opportun de recruter le nombre nécessaire d'agents de substitution. Il aura donc échoué à tempérer les inconvénients de la grève de son personnel titulaire (95).

L'on notera qu'en matière de transport aérien la législation est particulière. Ainsi, « *la grève du personnel de l'aéroport, des contrôleurs aériens notamment, est considérée comme un fait extérieur à la compagnie aérienne, laquelle ne peut l'éviter. L'annulation des vols dans ces circonstances ne pourra donner lieu à une compensation pour le voyageur. Il en est autrement en cas de grève du personnel de la compagnie, laquelle ne semble pas rentrer dans la définition des circonstances exceptionnelles* » (96).

5. – La victime directe et la victime par ricochet d'une grève.

De toute évidence, l'employeur est la victime immédiate de l'arrêt de son activité économique du fait des grévistes. Ses clients ou ses usagers sont des victimes indirectes, des victimes par ricochet. Il n'y a pas, pour autant, une chaîne de responsabilité au profit de ces derniers. Une chaîne qui irait de l'employeur (débiteur de premier rang) aux

94) CONSEIL D'ÉTAT, sect., 5 mars 1943, Ville de Nîmes c/ Sté fermière des tramways de Nîmes, Lebon 58 ; 23 juin 1944, Ville de Toulon, Lebon 180. Conclusions du Commissaire du gouvernement Odent sur Ville de Toulon et note du professeur Gaston Jèze sur le même arrêt, *RD publ.* 1945. 101.

95) CONSEIL D'ÉTAT, 29 janvier 1909, Cie des messageries maritimes [2e esp.], Lebon 120 ; DP 1910. 3. 89, conclusions sur arrêt de Tardieu.

96) Sandrine DRAPIER, Covid-19 : force majeure et annulations de vols, Réf : LPA 11 mai 2020, n° 153j4, p. 11.

grévistes (débiteurs de second rang). Dans d'autres domaines, l'idée se défendrait (97).

De fait la structure se sera révélée défaillante à cause de la grève, laquelle sera le fait des personnels grévistes. Du moment que l'employeur doit répondre des inconvénients de cette grève, pourquoi pas les grévistes eux-mêmes, eux qui sont les auteurs de l'arrêt de travail ? Mais comme l'employeur n'a pas d'action contre les grévistes, les clients préjudiciés ne sauraient davantage les poursuivre, malgré leur préjudice.

Les victimes plus ou moins directes de grévistes réguliers (licites) ne peuvent ainsi songer à l'action oblique, à l'action paulienne, et moins encore à l'action directe. Tout au moins dès lors que la grève sera restée dans les limites légales (98).

6. – L'hésitation du Conseil d'État sur la grève comme force majeure.

Le Conseil d'État avait laissé percevoir la possibilité d'une exonération de l'employeur dans une affaire désormais bien ancienne. En l'espèce, l'État entendait se faire indemniser par la Compagnie des messageries maritimes. Or, à cette puissante victime (l'État), il aura été répondu que :

« les grèves partielles ou générales, qui peuvent se produire au cours d'une entreprise, n'ont pas nécessairement, au point de vue de l'exécution du contrat qui lie l'entrepreneur au maître de l'ouvrage [ici l'État], le caractère d'événements de force majeure ; qu'il y a lieu, dans chaque espèce, par l'examen des faits de la cause, de rechercher si la grève a eu pour origine une faute grave de l'entrepreneur, si elle

97) Hélène HIRIART, La répartition des responsabilités dans les chaînes translatives de propriété, Droit, Th. Université de Lorraine, 2018.

98) Pascal DUPONT et Ghislain POISSONNIER, Vol retardé : la Convention de Montréal permet l'indemnisation de l'employeur du passager, Gaz. Pal. 29 mars 2016, n° 261x4, p. 23.

pouvait être évitée ou arrêtée par lui, et si elle a constitué pour lui un obstacle insurmontable à l'accomplissement de sa mission » (99).

L'arrêt admet ainsi la possibilité d'une exonération du cocontractant de l'État chaque fois que la grève n'était pas imputable à sa faute (grave), et qu'il n'existait pas de palliatif (c'est-à-dire une solution de rechange). Concrètement, outre que la grève avait été indépendante de la (mauvaise) volonté de la Compagnie, celle-ci s'était trouvée dans l'impossibilité d'y mettre un terme.

D'autres arrêts ont confirmé cette possibilité d'admettre la force majeure à l'encontre de l'État victime d'une inexécution fondée sur la grève subie par son cocontractant (100). À l'inverse, la force majeure ne sera jamais reconnue si la grève a été provoquée ou amplifiée par le comportement (à l'évidence fautif) de l'entreprise débitrice de l'État (101). C'est un reproche que l'on pouvait difficilement faire à la SNCF lors des grèves de 1995.

B. – La force majeure pour la grève SNCF de 1995

7. – Un mouvement de grève inédit depuis les évènements de mai 68.

Du 23 novembre au 19 décembre 1995, un important mouvement social s'est déroulé en France (102). De sorte que la SNCF n'aura pas été

99) CE 29 janv. 1909, Cie des messageries maritimes c/ État [1re esp.], Lebon 120 ; DP 1910. 3. 89, concl. Tardieu.

100) Conseil d'État, 2 décembre 1936, Sté des ateliers et chantiers de la Loire, Lebon 152 ; Conseil d'État, 10 décembre 1938, Société Entreprise coopérative française et Ville de Paris, Lebon 930.

101) Conseil d'État, 5 mars 1943, Ville de Nîmes c/ Sté fermière des tramways de Nîmes, Lebon 58 ; 23 juin 1944, Ville de Toulon, Lebon 180 ; *RD publ.* 1945. 101, concl. Odent, note Jèze.

102) A l'époque (1995), Alain Juppé, Premier ministre de Jacques Chirac, entendait combler "*le trou [financier] de la Sécurité sociale, conforter le système des retraites*". Sous Emmanuel Macron, le Premier ministre

en mesure de transporter 22.000 véhicules de deux constructeurs automobiles, Peugeot et Citroën (103). Certains de ces véhicules ont trainé dans des wagons à l'arrêt, tandis que d'autres sont demeurés dans les usines de fabrication.

Bien entendu, cette situation aura d'abord été préjudiciable aux deux affréteurs des trains de la SNCF ; puis, par ricochet, les acheteurs d'autos auront souffert de l'empêchement de la livraison. Les deux constructeurs ont dès lors (chacun de son côté !) demandé réparation. Pour sa défense, l'entreprise ferroviaire s'est retranchée derrière la force majeure. Selon elle, l'inexécution de la prestation de transport devait être imputée à la grève, et non pas à une quelconque faute de sa part (104).

Dans un arrêt du 11 janvier 2000, la Cour de cassation aura alors dû répondre à la question de savoir si un employeur est fondé à invoquer la grève de son propre personnel pour échapper aux conséquences contractuelles d'un défaut de livraison. Même en s'efforçant de ne point être péremptoire, il était tentant de soutenir que l'une des trois conditions de la force majeure manquait ; à savoir l'extériorité.

Édouard Philippe (publiquement apparenté à A. Juppé) s'était engagé dans la même voie réformatrice. D'où un trimestre de grèves (décembre 2019 à février 2020). Dans les deux cas, il s'agissait de réformes profondes. Celles, plus modestes de leurs collègues (de l'intervalle) ont abouti, mais tout en causant aussi quelques blocages. Le passage envisagé de l'âge de la retraite à 65 ou 64 ans, sous le second mandat du Président Macron, permettra à madame la Première ministre Élisabeth Borne de succomber à son tour.

103) Antoine CRISTAU, Grève et force majeure : une occasion manquée ?, CASS. SOC. 11 janvier 2000, Peugeot et Citroën c. / SNCF, *D.* 2000. 53.

104) En matière de contrats, la question de l'inexécution est certainement celle qui se pose le plus souvent. L'insatisfaction du créancier pouvant être totale ou partielle (non-conformité). Les futurs juristes devraient probablement étudier en profondeur les techniques (d'amont et d'aval) qui permettent l'application (complète et à temps) du contrat. Or, l'enseignement se focalise plutôt sur les conditions de validité de la convention (capacité, consentement, etc.).

8. – Le défaut d'extériorité par assimilation des grévistes à l'employeur lui-même.

Le critère de l'extériorité manquera souvent parce que l'employeur poursuivi se confondra quelque peu avec son personnel gréviste. Concrètement, le tiers idéal serait le tiers étranger, c'est-à-dire celui que les cours du DEUG juridique d'autrefois appelaient le penetus extraneus. À cet égard, sont vus comme l'employeur lui-même (assimilation) : ses employés ; ses fournisseurs ; ses sous-traitants.

D'après un enseignant-chercheur particulièrement autorisé : *« Ces différentes personnes, en raison des liens qui les unissent au cocontractant, ne sont pas exactement des tiers pour celui-ci ; il peut agir sur elles ; son propre comportement peut avoir déterminé le leur. Dès lors, la force majeure, faute d'extériorité par rapport au cocontractant, peut ne pas se trouver accomplie »* (105).

9. – La suspension des pouvoirs de l'employeur par l'exercice du droit de grève.

À supposer même que l'employeur donne, en toutes circonstances, des ordres à son personnel (pouvoir de direction et pouvoir de surveillance), tel n'est certainement pas le cas dans la relation avec ses fournisseurs ou avec les tiers. Car bien souvent (lui) fera défaut : le pouvoir de conviction ou de contrainte ; notamment sur de puissants partenaires à l'instar des collectivités territoriales ou des firmes multinationales.

Au surplus, en cas de suspension du contrat de travail, ainsi que c'est le cas lors d'une grève, le pouvoir de commandement de l'employeur disparaît temporairement. Ce pouvoir patronal est suspendu en même temps que le contrat de travail. Du reste, dans le cadre d'une

---

105) Philippe TERNEYRE, Responsabilité contractuelle, Répertoire de la responsabilité de la puissance publique, mai 2018, n° 351. Ce professeur aura présidé le concours d'agrégation de droit public 2021-2022.

grève, l'employeur se gardera absolument d'user de ses pouvoirs (à l'égard des grévistes). Même s'il lui semble que ses droits sont sacrifiés au profit du droit de grève et des grévistes (106).

10. – La satisfaction de l'extériorité en cas de grève étrangère à l'entreprise.

Peut-on juger que le personnel d'une entreprise est extérieur à celle-ci ? La réponse de principe a été non. Il n'empêche que la Cour de cassation aura approuvé la cour d'appel (Paris, 29 avril 1997) d'avoir identifié la condition d'extériorité dans une affaire. Pourquoi ?

Parce que, dit-elle, *« la grève avait été déclenchée, non pas pour soutenir des revendications concernant directement la SNCF, mais pour contester les projets du Gouvernement concernant le régime de la Sécurité sociale et ses répercussions sur le régime spécial de retraite des cheminots »*. Plus encore, *« la maîtrise de ces projets échappait à la SNCF qui n'avait pas la possibilité de négocier avec les grévistes ni de satisfaire leurs revendications [pas de faute même légère] »*. La jurisprudence a ainsi pu en déduire qu'il existait *« un fait extérieur à la SNCF susceptible de caractériser la force majeure »* (107).

---

106) Pourtant, le bloc de constitutionnalité lui reconnait à lui aussi : la protection de sa propriété ; la liberté du commerce (le droit d'entreprendre). De plus, l'article 4 de la Déclaration des droits de l'homme et du citoyen montre que le pouvoir de nuisance des grévistes devrait être cantonné. Effectivement, y est-il écrit : « *La liberté consiste à pouvoir faire tout ce qui ne nuit pas à autrui : ainsi, l'exercice des droits naturels de chaque homme n'a de bornes que celles qui assurent aux autres membres de la société la jouissance de ces mêmes droits. Ces bornes ne peuvent être déterminées que par la loi* ».

107) CASS. SOC., 11 janvier 2000, pourvoi n° 97-18.215, Société Automobiles Peugeot et Société Automobile Citroën, Bulletin 2000 V n° 16 p. 12.

11. – Les doutes sur la prévisibilité raisonnable d'une grève.

L'imprévisibilité est une condition presque absurde, car presque tout peut être imaginé, et donc prévu. Oui, rien n'est donc imprévisible. Il s'agit-là d'ailleurs de l'activité courante du romancier que de raisonner sur des scénarios plus ou moins invraisemblables. Néanmoins, et même si parfois la réalité dépasse la fiction, dans le monde des affaires (et des contrats), il convient d'avoir la tête sur les épaules. On y songe à des choses raisonnablement prévisibles.

Ainsi, les difficultés auxquelles les cocontractants devraient avoir pensé sont les plus vraisemblables possibles. C'est dans ces conditions que dans cette affaire où la SNCF aura été défaillante à cause d'une grève, les juges ont dit que : *« nul ne pouvait prévoir, au moment où le préavis de la grève a été déposé, que le mouvement durerait plus d'un mois et paralyserait aussi bien l'entreprise que la vie économique du pays tout entier »* (108).

L'employeur des grévistes pouvait en conséquence échapper à la responsabilité d'indemniser ses cocontractants victimes par ricochet

---

108) Idem. De nouveau, en 2018, une réforme gouvernementale (de la SNCF) a provoqué des grèves perlées à la SNCF durant environ trois mois. Concrètement, le trafic ferroviaire aura alors été perturbé deux jours successifs par semaine. Des centaines de malades et handicapés désireux de se rendre en pèlerinage à Lourdes en ont été empêchés. En effet, leur service de trains spéciaux aura été arrêté par la SNCF. On devine facilement leur détresse et leurs préjudices. Il est certes difficile d'évaluer en argent la perspective d'une guérison miraculeuse, ainsi que la rencontre avec Dieu (en un endroit qu'il fréquente peut-être un peu plus qu'un autre). Pour justifier ce défaut d'affrètement, les dirigeants de l'entreprise défaillante ont exprimé leur crainte d'exposer des personnes fragiles aux aléas de voyages déréglés. Ce qui peut sans doute s'entendre. Toutefois, une telle exclusion des pèlerins n'avait pas de précédent ; ni pendant les évènements de mai 1968, ni lors de la grève générale de 1995 (Cf. Guy BARREY, Grève SNCF, Des conséquences très dommageables et sans précédent sur l'organisation des pèlerinages à Lourdes, *Juris tourisme* 2018, n°209, p.10).

de la grève. Mais encore fallait-il remplir la condition de l'irrésistibilité.

12. – La manifestation de l'irrésistibilité de la grève générale de 1995 pour la SNCF.

Concernant l'irrésistibilité, la Cour de cassation a également pensé qu'elle était remplie et donc la force majeure aussi. Car, énonce-t-elle, *« l'organisation d'un transport routier de substitution, eu égard au nombre de véhicules en cause, n'aurait pas permis de pallier les effets de la grève »* (109).

Néanmoins, lui répond un auteur, *« sans doute le recours au transport routier n'aurait pas permis de supprimer totalement les effets de la grève mais il aurait probablement limité le préjudice subi par les sociétés Automobiles Peugeot et Citroën. Les efforts que doit déployer le débiteur pour remplir ses engagements ne sont pas subordonnés à la condition d'une réussite totale »* (110).

Et d'en conclure que les cocontractants de la SNCF auront été abandonnés anormalement à leur triste sort par la jurisprudence. Un autre auteur comprend en revanche la volonté prétorienne d'admission du caractère exonératoire de la grève. D'après lui : *« Il y a sans doute, de la part des magistrats, une volonté de protéger la situation financière des entreprises chargées d'un service public*

---

109) De plus, avait dit la Cour d'appel, la réquisition du personnel (pour le forcer à conduire les trains) était impossible en raison des menaces qu'elle aurait fait peser sur la cohésion sociale ; de même, le recours à une procédure judiciaire d'expulsion était purement illusoire ; enfin le recours à un personnel de remplacement était techniquement interdit en raison de la spécificité du matériel ferroviaire.

110) Antoine CRISTAU, Grève et force majeure [...], précité.

qu'une multitude d'actions en responsabilité viendrait compromettre » (111).

Même si ce second cheminement intellectuel laisse dubitatif, sa conclusion d'une décharge de l'employeur se défend bien. Au fond : *« A l'impossibilité nul n'est tenu »*. Cela étant, on se demandera comment procéder pour réaliser le calcul de l'éventuelle indemnité.

111) Idem. Monsieur Antoine Cristau pense alors que pour anticiper les conséquences coûteuses d'un conflit collectif, les cocontractants de cette entreprise publique devraient contracter une assurance pour risque de grève.

LES INCIDENCES DE LA MESURE DE SÛRETÉ SUBIE PAR UN SALARIÉ

Clotaire MOULOUNGUI
Maître de conférences hors classe à l'ULCO (académie de Lille)
Ancien Chef du Département Gestion des Entreprises et des Administrations
Responsable de la licence professionnelle Métiers de la Gestion et du Social

Résumé : En droit pénal et criminologie, les mesures de sûreté sont des contraintes antérieures et/ou postérieures à la décision judiciaire de condamnation pénale. La personne qui en est l'objet est encore **présumé**e innocente, ou bien a déjà exécuté sa peine, et aura donc "*payé sa dette à la Société*". Néanmoins, la Société peut entendre se rassurer au moyen de mesure comme la détention provisoire, le retrait du permis de conduire ou celui d'un badge. Or le salarié qui se retrouve dans une telle situation (de perte d'une liberté ou d'un droit) devient forcément inutile à son employeur. D'autant plus que l'indisponibilité professionnelle pourrait s'étaler sur une longue durée. D'où la volonté éventuelle de l'employeur de mettre fin à la relation contractuelle en cours.

Mots clefs : Mesures de sûreté ; détention provisoire ; absentéisme ; IJSS du prisonnier ; indisponibilité professionnelle, habilitation perdue ; permis de conduire suspendu.

Abstract : In criminal law and criminology, security measures are constraints imposed prior to and/or subsequent to the judicial decision of criminal conviction. The person subject to them is still presumed innocent, or has already served their sentence, and will therefore have "paid their debt to society." However, society may seek reassurance through measures such as pretrial detention, the withdrawal of a driver's license, or the revocation of a badge. However, an employee who finds themselves in such a situation (losing a freedom or a right) necessarily becomes useless to their employer. This is especially true since the professional unavailability could extend over a long period. Hence the employer's potential desire to terminate the current contractual relationship.

Keywords : Security measures; pretrial detention; absenteeism; prisoner's daily sickness benefit; professional unavailability, lost authorization; suspended driver's license.

1. – L'absentéisme consécutif à une incarcération ou à la perte d'une habilitation préfectorale.

En droit pénal et criminologie, les mesures de sûreté sont des contraintes antérieures et/ou postérieures à la décision judiciaire de condamnation pénale. La personne qui en est l'objet est encore présumée innocente, ou bien a déjà exécuté sa peine, et aura donc "*payé sa dette à la Société*". Néanmoins, la Société peut entendre se rassurer au moyen de mesure comme la détention provisoire, le retrait du permis de conduire ou celui d'un badge.

Or le salarié qui se retrouve dans une telle situation (de perte d'une liberté ou d'un droit) devient forcément inutile à son employeur. D'autant plus que l'indisponibilité professionnelle pourrait s'étaler sur une longue durée. D'où la volonté éventuelle de l'employeur de mettre fin à la relation contractuelle en cours (112).

112) Récemment, « *par courrier en date du 28 mai 2014, la société AVIAPARTNER a notifié à A X la rupture du contrat de professionnalisation du fait du refus de l'administration de délivrer au salarié un badge d'accès aux zones aéroportuaires* » (Cour d'appel de Lyon - ch. sociale B, 4 septembre 2020 / n° 18/00949).

A. – L'absentéisme du salarié à cause de son incarcération

2. – Les conséquences tirées de l'absentéisme dû à une incarcération.

Il est arrivé que les juges prennent prétexte de l'indisponibilité du salarié incarcéré pour lui donner tort dans le procès avec son employeur. Ainsi, la Cour de cassation (14 avril 1988) a pu dire *« que la cour d'appel [de Fort-de-France (31 janvier 1985)] […] a constaté, par une appréciation souveraine des faits, que l'intéressé, à la suite de son incarcération, puis de son placement sous contrôle judiciaire et des obligations qui en découlaient, n'était pas resté à l'entière disposition de son employeur »* (113). En conséquence de quoi aucune contrepartie financière ne pouvait lui être attribuée à défaut de prestation de travail de sa part. Dans une autre affaire, la cour d'appel de Versailles (17 mai 1993) a débouté un salarié de sa demande d'indemnité pour un licenciement par lettre du 22 février 1990.

Le motif fondant le dispositif de l'arrêt était que (rapporte la Cour de cassation), ce licenciement *« avait été prononcé en raison de l'impossibilité où se trouvait le salarié de remplir les obligations de son contrat »*. C'est vrai que l'agent de surveillance (demandeur au procès) avait été incarcéré 12 jours plus tôt.

Sur le fondement d'articles dont l'emplacement a changé dans leurs codes respectifs (114), la Cour de cassation (15 octobre 1996) a proclamé *« que la situation résultant de l'incarcération du salarié ne constituait pas une force majeure et que seule l'existence d'une faute grave, non alléguée en l'espèce, pouvait priver le salarié du bénéfice*

---

113) CASS. SOC., 14 avril 1988, n° de pourvoi : 85-42191, M. X. c/ Banque française commerciale, Bulletin 1988 V N° 227 p. 149.

114) La cassation a été prononcée au visa des anciens articles 1148 du Code civil et L122-9 du Code du travail.

de l'indemnité de licenciement » (115). Se trouver en détention provisoire ne constitue point une faute, et en tous cas pas une faute grave.

3. – Le refus patronal de la simple suspension du contrat de travail du détenu.

Une salariée a été licenciée (27 mars 1994) pour absentéisme dans les 10 jours de son placement en détention provisoire (116). Or d'après elle, un tel licenciement était sans cause réelle et sérieuse. Ce fut également l'avis de la cour d'appel de Douai (30 janvier 1998). L'employeur pensait pourtant que l'indisponibilité plus ou moins longue était un argument largement suffisant pour justifier le licenciement.

Il faisait observer que : *« l'incarcération d'un salarié pour une durée indéterminée, y compris pour des faits commis dans sa vie extra-professionnelle, met celui-ci dans l'impossibilité de poursuivre l'exécution de son contrat de travail, de sorte qu'elle constitue un motif de licenciement fondé sur les obligations contractuelles du salarié et non sur sa vie privée »*.

Craignant qu'il lui soit opposé la théorie de la suspension du contrat de travail, il soutint par ailleurs que l'incarcération, *« qui empêche le salarié d'exécuter ses obligations contractuelles, n'est pas une cause de suspension du contrat de travail, de sorte que l'employeur demeure libre de mettre fin à la relation contractuelle, sans avoir à justifier que l'absence du salarié perturbe le fonctionnement de l'entreprise »*.

---

115) CASS. SOC., 15 octobre 1996, n° de pourvoi : 93-43668, M. X c/ société RNUR CIB, Bulletin 1996 V N° 326 p. 231 ; Paul-Henri ANTONMATTEI, La rupture du contrat de travail consécutive à l'incarcération du salarié *Droit social* 1997. 246 : *« la chambre sociale de la Cour de cassation vient d'opérer un revirement de jurisprudence passé quelque peu inaperçu »*.

116) Les faits qui lui étaient reprochés étaient étrangers à l'exécution de son contrat de travail.

4. – La simple suspension du contrat de travail en vertu de la présomption d'innocence.

L'employeur pressé de se débarrasser définitivement de son salarié en détention provisoire commet une faute. À moins de démontrer la perturbation du fonctionnement de son entreprise. Car un prévenu peut toujours bénéficier d'une relaxe et, l'accusé, d'un acquittement. De même, l'un et l'autre peuvent, bien en amont, être blanchis par un non-lieu à poursuivre, de la part du juge d'instruction ou de la part de la chambre compétente de la cour d'appel.

Selon la Cour de cassation (21 novembre 2000), il faut en définitive retenir que *« le placement d'un salarié en détention provisoire, présumé innocent alors que l'obstacle mis à l'exécution du contrat de travail ne lui est pas imputable entraîne la suspension du contrat de travail »* (117). A contrario, le salarié définitivement condamné perd la protection figurée par le mécanisme de la suspension ; il n'y a plus à l'attendre avant de le remplacer pour de bon.

5. – L'éventualité d'un licenciement pour une détention en lien avec le travail.

Au terme d'un arrêt de travail d'un mois, pour cause de maladie, un salarié devait reprendre son travail le 13 mars 2005. Malheureusement pour lui, deux jours avant (11 mars 2005), il fut placé en détention provisoire (et ne reprit donc pas son poste). Aussi, un mois plus tard (8 avril 2005) fut-il licencié *« pour absence injustifiée »*.

Ce que l'intéressé contesta devant la juridiction prud'homale. À raison, puisque la cour d'appel de Lyon (11 avril 2008) jugea le licenciement

---

117) CASS. SOC., 21 novembre 2000, n° de pourvoi : 98-41788, Bulletin. Et, en l'espèce, poursuit l'arrêt de rejet, « *la cour d'appel, ayant constaté que cette incarcération n'avait entraîné aucun trouble dans l'organisation et le fonctionnement de l'entreprise a exactement décidé que ce fait de vie personnelle ne constituait pas une cause de licenciement* ».

dépourvu de cause réelle et sérieuse (118). Le pourvoi en cassation de l'employeur échoua, comme l'on pouvait s'en douter. L'affaire fut l'occasion, pour la Cour de cassation (16 septembre 2009), de rappelé des principes certes dorénavant bien connus.

D'une part, *« le placement d'un salarié en détention provisoire, alors qu'il est présumé innocent, entraîne la suspension du contrat de travail »*. D'autre part, vu que *« l'employeur avait été informé avant le licenciement de l'incarcération du salarié, que le comportement incriminé était sans lien avec l'activité professionnelle et que l'employeur ne prouvait pas que l'absence de l'intéressé avait désorganisé ou perturbé le fonctionnement de l'entreprise, la cour d'appel a pu en déduire [...] que le salarié n'avait pas commis de faute et, usant des pouvoirs d'appréciation qu'elle tient des articles L1232-1 et L1235-1 du code du travail, décider que le licenciement ne reposait sur aucune cause réelle et sérieuse »* (119).

Encore une fois, le motif de la détention provisoire n'avait pas de lien avec l'entreprise (laquelle aurait en effet pu être victime et partie civile). De plus, celle-ci pouvait toujours fonctionner harmonieusement malgré l'absence déplorée.

6. – Un licenciement fautif par manque de faute grave de l'absentéiste incarcéré.

Des précisions supplémentaires ont été apportées, dont l'une au moins apparaît défavorable à l'employeur. Concrètement, la Cour de cassation (22 septembre 2015) a jugé que : *« la cour d'appel [d'Aix-en-Provence (6 février 2014)] a constaté que l'employeur n'établissait ni avoir mis en demeure le salarié de justifier de ses absences, ni la désorganisation du service du fait du retard pris par l'intéressé pour*

---

118) La juridiction a en conséquence condamné l'employeur à lui verser une somme à titre de dommages-intérêts. On notera que c'était une époque où le mode de calcul, et donc le montant de l'indemnité judiciaire de licenciement, étaient incertains.

119) CASS. SOC., 16 septembre 2009, n° de pourvoi : 08-42816, Non Bulletin.

l'informer de celles-ci, ni l'atteinte portée à l'image de l'entreprise du fait de son incarcération, ce dont il résultait que les fautes graves invoquées à l'appui du licenciement n'étaient pas caractérisées » (120).

Le licenciement avait donc été sans cause réelle et sérieuse. L'information tardive du salarié sur la limitation judiciaire de sa liberté de mouvement n'est pas forcément une faute. La qualification de démission ne pouvait donc être retenue (121). Le travailleur pourtant en liberté (et sans obstacle représenté par une interdiction judiciaire d'exercer) peut néanmoins être juridiquement (administrativement) empêché d'aller occuper son poste de travail.

B. – L'absentéisme du salarié privé de l'habilitation préfectorale

7. – L'indisponibilité blâmable du salarié désormais sans permis de conduire.

Si le simple soupçon contre le salarié fonde quelquefois la remise en cause de son habilitation administrative d'exercer (retrait de badge d'accès à une zone délicate), une faute (de conduite) de sa part justifie plus sûrement encore le retrait de son permis de conduire. Dans ces hypothèses (badge, permis) et dans d'autres plutôt semblables se pose la question de la marge de manœuvre de l'employeur dont le salarié ne serait plus mobilisable pour l'activité originellement convenue.

---

120) CASS. SOC., 22 septembre 2015, n° de pourvoi : 14-15293, Société d'économie mixte pour les événements cannois (SEMEC). La Cour précise que l'arrêt attaqué était placé sous le patronage, tant du pouvoir souverain d'appréciation des faits (dont disposent les juges du fond), que du pouvoir que ceux-ci tiennent de l'article L. 1235-1 du code du travail.

121) Henry BLAISE, Salarié en détention provisoire. Absence de réponse aux courriers de l'employeur. Démission (non), note sous CASS. SOC., 30 octobre 1996, affaire Mokadi, *Droit social* 1997. 97.

Ici, de nombreux textes, d'application alternative ou complémentaire, ont été recensés par un professeur nantais (122). De sorte que *« le sort du contrat de travail en cas de retrait ou de non-renouvellement d'une habilitation dépend donc de la rédaction des textes qui est d'une grande diversité »* (123).

8. – L'autorisation du préfet pour la circulation dans les zones sensibles.

Pendant trois années (du 1er janvier 2011 au 31 décembre 2013), le contrat de travail d'un salarié a été suspendu par son employeur. La raison est que dans les aéroports, et en particulier sur les pistes d'atterrissage et dans d'autres zones, seuls peuvent circuler librement les fonctionnaires (civils ou militaires) qui y sont spécialement affectés. L'exception, pour des personnes étrangères

---

122) « *[...] certains n'envisagent rien, comme c'est le cas du Code de l'aviation civile ou des textes régissant le permis de conduire ; d'autres prévoient la cessation de plein droit du contrat de travail (L. n° 83-629,12 juill. 1983) ; d'autres encore envisagent l'obligation faite à l'employeur de prendre une décision de congédiement (décret régissant les casinos) ; certains textes font défense à toute personne de conserver à son service ou d'employer un étranger non muni du titre l'autorisant à exercer une activité salariée en France (C. trav., art. L. 8251-1). Mais l'article L. 8252-2 du Code du travail prévoit qu'ils bénéficient d'un certain nombre de droits « au titre de la période considérée » et que, bien qu'irrégulièrement employés, ils sont considérés comme des salariés régulièrement embauchés ; d'autres enfin prévoient un régime de nullité du contrat lorsque l'intéressé n'a pas l'habilitation requise lors de sa conclusion. [...]. Hormis les étrangers privés de titre de travail et les cas très marginaux de nullité du contrat de travail, le défaut ou le retrait d'une habilitation administrative nécessite donc que soit observée la procédure spéciale de licenciement et oblige l'employeur à verser le salaire jusqu'à l'obtention de l'autorisation* » (Jean-Yves KERBOURC'H, Salariés protégés sans papiers, « *débadgés* » ou privés de permis de conduire : quels effets sur l'exécution de leur contrat de travail ? La Semaine Juridique Social n° 7, 16 Février 2010, 1072).

123) Jean-Yves KERBOURC'H, précité.

au service, se matérialise par la détention et le port ostensible d'un badge spécifique (124).

Celui-ci est délivré par le préfet aux salariés d'entreprises qui doivent y intervenir. Or, par décision du 13 avril 2011, le préfet de la Seine-Saint-Denis a refusé le renouvellement de son habilitation à l'un des salariés. Par conséquent, ce salarié (en fonction depuis le 1er janvier 2011) ne pouvait plus accéder à la plateforme aéroportuaire en vue d'y fournir sa force de travail et obtenir une rémunération en retour.

Après environ quatre mois, son licenciement fut prononcé le 8 août 2011. D'où pour lui, de nombreuses difficultés financières et un avenir incertain, sur la base desquels il aura entendu être indemnisé par l'État (125).

Mais, il a commencé par un recours en annulation, par la voie de l'excès de pouvoir. La juridiction administrative saisie (tribunal administratif de Montreuil) lui a donné raison le 27 janvier 2012. Toutefois, elle l'a débouté de son recours de pleine juridiction (indemnisation) le 22 janvier 2015. Sans surprise, il a décidé de faire appel ; aussi bien pour que le préfet lui donne à nouveau la précieuse habilitation, que pour obtenir les sommes espérées.

---

124) Le I de l'article R213-3 du code de l'aviation civile parle plus exactement de « *zone de sûreté à accès réglementé d'un aérodrome* », tout en renvoyant, par ailleurs, au Code des transports.

125) Dans son recours de pleine juridiction (ou recours de plein contentieux), il avait demandé au tribunal administratif de Montreuil de condamner le préfet de la Seine-Saint-Denis à lui verser les sommes de 72 000 euros au titre de ses salaires pour la période du 1er janvier 2011 au 31 décembre 2013, de 864 000 euros au titre de la perte de chance de réussir sa carrière postérieurement à son licenciement et de 36 000 euros au titre des difficultés financières occasionnées par son licenciement.

9. – L'indemnisation rare pour badge non renouvelé.

Dans l'affaire ci-dessus, le droit à une indemnisation étatique du salarié privé de son badge préfectoral a été confirmé par la cour administrative d'appel de Versailles (04 juillet 2017). Certes, s'il n'a obtenu que 24.683,74 euros, il aura en revanche fait condamner le préfet de la Seine Saint Denis à lui délivrer un badge et une habilitation d'accès à la zone réservée des plates-formes aéroportuaires. Mais le préfet s'est pourvu en cassation devant le Conseil d'État contre cet arrêt versaillais (126).

La décision de cette cour suprême est un arrêt de cassation partiel sans renvoi. On y lit que *« la cour administrative d'appel a pu, sans commettre d'erreur de qualification juridique, regarder comme direct le lien de causalité entre l'illégalité de la décision de refus d'habilitation et les pertes de salaire subies »* en conséquence du licenciement d'un salarié insusceptible d'accéder au lieu de travail. Était donc fondée l'allocation d'une *« indemnité pour perte de salaire pour la période antérieure au licenciement de l'intéressé ».*

La durée ainsi prise en compte était celle comprise entre le 1er janvier 2011 et 08 août 2011. Sans doute les juges administratifs ont-ils pensé que le salarié, dorénavant libéré de son lien contractuel, aurait pu (aurait dû) bénéficier des indemnités de chômage, et surtout se chercher un nouvel emploi.

Mais ce salarié devait-il derechef obtenir le précieux badge de la part du préfet ? Pas exactement. En effet, l'annulation de l'arrêté du préfet obligeait seulement celui-ci à réexaminer (librement) le dossier de l'intéressé ; sans du tout d'obligation de lui donner satisfaction en définitive (127).

---

126) CONSEIL D'ÉTAT, 18 mai 2018, M. X c. Ministre de l'Intérieur.

127) Pour le CONSEIL D'ÉTAT, le jugement d'annulation rendu par le tribunal administratif de Montreuil « *avait pour seule conséquence de ressaisir l'administration de la demande d'habilitation sur laquelle il lui appartenait de statuer à nouveau et n'impliquait pas que l'administration*

10. – La légitimité du licenciement du salarié sans habilitation préfectorale.

Dans une affaire comparable impliquant la SOCIÉTÉ AIR FRANCE, le licenciement prononcé aura été contesté devant le juge prud'homal. Et cette compagnie fut condamnée à payer (en provision) 9.667 euros par la cour d'appel de Paris (2 mars 2017). L'arrêt a toutefois été censuré par la Cour de cassation (03 avril 2019). Car *« les parties s'accordaient sur le fait que le salarié devait détenir pour l'exercice de ses fonctions une habilitation préfectorale dont le renouvellement lui avait été refusé »* (128).

Quelques mois après, la cour d'appel de Lyon (4 septembre 2020) a repris cette jurisprudence. Dans un arrêt infirmatif, elle a effectivement donné tort à un étudiant en contrat de professionnalisation qui se plaignait de son licenciement. Quoique la solution inverse semblait pouvoir être attendue, au regard des prémisses énoncées par l'arrêt lyonnais.

À savoir que : *« A défaut de faute grave, de force majeure ou d'inaptitude constatée par le médecin du travail, la rupture anticipée du contrat à durée déterminée est abusive et le salarié a alors droit en vertu de l'article L 1243-4 du code du travail à des dommages et intérêts d'un montant au moins égal aux rémunérations qu'il aurait perçues jusqu'au terme du contrat, sans préjudice de l'indemnité de fin de contrat prévue à l'article L. 1243-8 »* (129).

---

fût tenue de délivrer une telle habilitation ; que par suite, en jugeant qu'en s'abstenant de délivrer ce document à M.A..., l'administration aurait méconnu l'autorité de la chose jugée par ce tribunal, et en condamnant pour ce motif l'État à indemniser l'intéressé à hauteur de 15 000 euros, la cour a entaché son arrêt d'erreur de droit ».

128) CASS. SOC., 03 avril 2019, N° de pourvoi : 17-17.474, société Air France. Le salarié était certainement sans rémunération pour quelque temps. Mais était-il pour autant sans revenu ?

129) Cour d'appel de Lyon - ch. sociale B, 4 septembre 2020 / n° 18/00949.

11. – L'impossibilité de la prestation de travail notamment pour perte de voiture.

Les gestionnaires des ressources humaines sont parfois confrontés à la qualité d'élu du salarié ayant perdu son habilitation. Il est de jurisprudence constante que *« lorsqu'un salarié n'est pas en mesure de fournir la prestation inhérente à son contrat de travail, l'employeur ne peut être tenu de lui verser un salaire que si une disposition légale, conventionnelle ou contractuelle lui en fait obligation »* (130).

Le doute pouvait exister dans une affaire jugée par la cour d'appel de Versailles (07 octobre 2015). En l'espèce, compte tenu de la saisie de sa voiture, laquelle était, selon contrat, indispensable au travail, un salarié ne pouvait plus effectuer les missions convenues. Cela étant, l'employeur ne l'a ni licencié, ni affecté à d'autres tâches. Il se sera contenté de ne plus le rémunérer. Alors, une demande de versement de salaires a été portée en justice. Victorieusement, puisque l'employeur aura été condamné au décaissement d'un rappel de salaires (d'octobre 2012 à 12 février 2013).

La Cour de cassation (28 novembre 2018) a cependant cassé l'arrêt versaillais. Car le salarié était en faute de n'avoir pas fourni le travail promis, à l'aide notamment de son véhicule (131).

12. – Le maintien du salarié (élu) malgré son défaut de titre préfectoral.

La Cour de cassation et le Conseil d'État rendent une jurisprudence constante sur l'impossibilité de licencier un salarié élu, tant que

130) CASS. SOC., 28 novembre 2018, N° de pourvoi : 17-15.379, société Adrexo.

131) Précisons qu'il en va autrement quand un salarié, dorénavant dans l'impossibilité de remplir son obligation, est un élu, un représentant. La raison est que son licenciement dépend d'une autorisation administrative préalable.

l'Administration du travail n'y aura pas consenti (132). Les deux ordres de juridiction ne font que se conformer aux prescriptions du Code du travail. C'est l'une des survivances de l'autorisation administrative de licenciement (133).

Voici un exemple typique d'arrêt du Conseil d'État (21 janvier 2021) en la matière : *« En vertu des dispositions du code du travail, le licenciement des salariés légalement investis de fonctions représentatives, qui bénéficient d'une protection exceptionnelle dans l'intérêt de l'ensemble des travailleurs qu'ils représentent, ne peut intervenir que sur autorisation de l'inspecteur du travail. Lorsque le licenciement d'un de ces salariés est envisagé, ce licenciement ne doit pas être en rapport avec les fonctions représentatives normalement exercées ou avec l'appartenance syndicale de l'intéressé. Dans le cas où la demande de licenciement est motivée par un comportement fautif, il appartient à l'inspecteur du travail, et le cas échéant au ministre, de rechercher, sous le contrôle du juge de l'excès de pouvoir, si les faits reprochés au salarié sont d'une gravité suffisante pour justifier son licenciement, compte tenu de l'ensemble des règles applicables au contrat de travail de l'intéressé et des exigences propres à l'exécution normale du mandat dont il est investi »* (134).

---

132) « *Le juge judiciaire ne peut pas se prononcer sur une demande de résiliation judiciaire après que l'inspecteur du travail a autorisé le licenciement* » (Jean-Yves KERBOURC'H, Pas de résiliation judiciaire après une autorisation administrative de licenciement, La Semaine Juridique Social n° 47, 23 Novembre 2010, 1502). Arnaud LUSSET, Autorisation administrative de licenciement : l'inspection du travail à l'épreuve du principe d'impartialité, Rev. trav. 2021. 530.

133) Yves STRUILLOU, Les conditions de retrait des autorisations administratives de licenciement, *AJDA* 2007. 537 ; L. PERRIN, L'affaiblissement de la protection des salariés protégés dont l'autorisation administrative de licenciement est annulée, *DA* 8 octobre 2007.

134) CONSEIL D'ÉTAT, 21 janvier 2021, n° 427235, société N'4 Mobilités. La protection contre le licenciement n'aura pas servi au salarié, qui était un chauffeur dont le permis n'était plus valable.

13. – Le maintien du salaire de l'élu absentéiste pourtant fautif.

Dans l'affaire précédente, jugée par le Conseil d'État (21 janvier 2021), il était question d'un salarié désormais sans permis de conduire (professionnel). Des arrêts ci-dessous de la Cour de cassation traitent du même problème. L'un concernait un chauffeur routier qui cumulait les fonctions représentatives de délégué syndical, de délégué du personnel et de membre titulaire du comité d'entreprise.

Or, durant les six premiers mois de l'année 2008, son permis lui aura été suspendu. Il ne pouvait donc effectuer les transports ayant justifié son recrutement. Pour ne pas conserver un salarié qui ne présentait plus d'utilité pour lui dans ses rangs, l'employeur a saisi l'inspection du travail, pour en obtenir une autorisation administrative de licenciement (135).

Mais après deux mois d'attente, il reçut une réponse négative de cette autorité administrative. C'est pourquoi le chauffeur routier fut affecté à la manutention. Sauf que dans l'intervalle et dans l'attente de l'autorisation, l'employeur n'avait plus versé de salaire au

---

135) La demande patronale a été introduite dès le lendemain de l'annonce de son infortune par le chauffeur. D'où la question de savoir s'il aurait été judicieux de taire cette information (Laurence PÉCAUT-RIVOLIER, Donner l'information : les obligations du salarié, *Droit social* 2013. 103). Par ailleurs, l'employeur n'a-t-il pas une responsabilité dans la perte de ses points de permis par un salarié tenu d'aller de plus en plus vite ? En tous cas, « *un contrat d'assurance, en ce qu'il prend en charge le coût d'un chauffeur pendant la durée de suspension du permis de conduire, peut-il apparaître contraire à l'ordre public* » (Muriel CHAGNY et Louis PERDRIX, La détermination du risque garanti, n° 264, Lextenso, 2018). Plus généralement, « *Le décret du 24 mai 2018 en accordant à certains personnels des entreprises de transport un accès direct à certaines informations du système national des permis de conduire, afin de s'assurer de la validité du permis de conduire des personnes qu'elles emploient comme chauffeur, prévoit un accès adéquat à l'objectif de sécurité routière poursuivi* » (CONSEIL D'ÉTAT, 24 octobre 2019, n° 422583, *AJDA* 2020. 435).

chauffeur. Ce dernier les exigea alors en justice. Ils lui furent reconnu tant par les juges du fond que par la Cour de cassation.

Car, dit celle-ci, *« en cas de suspension du permis de conduire nécessaire à l'exercice de ses fonctions, l'employeur est tenu, non seulement de conserver le salarié dans l'entreprise, mais aussi de le rémunérer jusqu'à l'obtention de l'autorisation de licenciement délivrée par l'inspecteur du travail »* (136).

14. – Le maintien du salaire en attendant la décision préfectorale.

Les fonctions de manutentionnaire exigent parfois elles aussi une habilitation préfectorale particulière. Or, dans une affaire, un manutentionnaire de la SOCIÉTÉ FEDEX s'était vu retirer l'habilitation indispensable à son travail en zone aéroportuaire par un arrêté sous-préfectoral du 22 septembre 2006. Son employeur lui annonça alors (le 7 novembre) que le contrat de travail et le versement du salaire seraient suspendus à partir du 5 décembre.

Or notre salarié était par ailleurs délégué du personnel suppléant. Deux mois plus tard (20 février 2007) l'autorisation de licenciement demandée à l'inspection du travail fut refusée. En revanche, cette autorisation advint un an après (25 janvier 2008), à la suite d'un nouveau rejet sous-préfectoral de l'habilitation. L'employeur pouvait-il être déclaré débiteur de salaires au profit d'un tel salarié se trouvant dans l'impossibilité de travailler durant plus d'une année ? La réponse est oui.

La Cour de cassation dit précisément que : *« en cas de retrait de l'habilitation administrative nécessaire à l'exercice de ses fonctions, l'employeur est tenu non seulement de conserver le salarié dans l'entreprise, mais encore de le rémunérer jusqu'à l'obtention de*

---

136) CASS. SOC., 2 décembre 2009, n° 08-43466, SAS Mory Team c/ Chevereau.

l'autorisation de licenciement délivrée par l'inspecteur du travail » (137).

15. – Le maintien dans l'emploi et sans rétrogradation.

Il est dorénavant acquis que le salarié élu, privé de son habilitation administrative, demeurera dans les effectifs de son employeur, aussi longtemps son licenciement n'aura pas été prononcé, à la suite d'une autorisation administrative. Il faudra dès lors trouver à l'occuper professionnellement. Bien entendu, son niveau de formation ainsi que ses aptitudes physiques et techniques pèseront sur son reclassement ; au titre de facteurs facilitateurs ou de facteurs limitatifs.

Néanmoins, le nouvel emploi ne saurait consister en une rétrogradation. Certes, l'occasion sera peut-être trop belle pour l'employeur qui voudrait se venger des contrariétés autrefois générées pour ce salarié (intouchable). En vérité, le délit de harcèlement moral pourrait être encouru, malgré l'unité de la décision patronale (138).

Même entre partenaires de bonne volonté, il y aura la difficulté de faire coïncider les responsabilités liées à l'ancien poste avec celles

---

137) CASS. SOC., 2 décembre 2009, n° 08-42037, Sté Federal Express corporation c/ Benmabrouk.

138) « *Que l'on songe seulement à une décision brutale et vexatoire de rétrogradation prononcée par l'employeur. Acte isolé (il n'y a qu'une seule décision de rétrogradation) ou acte répété (chaque jour qui passe, le salarié subit la rétrogradation et l'humiliation qui s'y attache) ?* » (Patrice ADAM, Harcèlement moral, Exclusion des actes isolés, Répertoire de droit du travail, juillet 2022). « *Quant aux faits relevés dans les deux types de procédures de nature civile ou pénale, on retrouve assez classiquement les mêmes situations : rétrogradation ou emploi sous-qualifié, mutation, charge de travail (défaut de fourniture de travail, diminution de la charge de travail, […]* » (Dominique VIRIOT-BARRIAL, Harcèlement au travail : récentes évolutions, AJ pénal 2016. 351).

relatives au nouveau. De plus, le reproche de rétrogradation illicite n'est pas aussi facile à établir que l'on pourrait le croire (139).

139) Selon la Cour de cassation, « *une mesure de rétrogradation ne constitue pas une sanction pécuniaire prohibée lorsque la diminution de rémunération qu'elle entraîne résulte de l'affectation du salarié à une fonction ou à un poste différent et de moindre qualification* » (CASS. SOC., 07 juillet 2004, société Saint-Gobain vitrage, N° de pourvoi : 02-44.476, Bulletin 2004 V N° 193 p. 181). Une fois, elle a rejeté un pourvoi en disant que la cour d'appel de Toulouse (21 mars 2014) avait « *constaté qu'à partir de juillet 2007, le salarié avait été déchargé des tournées où il était chef d'équipe au profit d'autres tournées où il n'avait pas de fonction d'encadrement, de sorte que ses fonctions avaient été modifiées en cohérence avec son déclassement catégoriel ; qu'en l'état de ses constatations, elle a exactement décidé que la diminution de la rémunération était justifiée* » (CASS. SOC., 05 novembre 2015, société Transports Senges, N° de pourvoi : 14-17.800). Jean MOULY, Le refus d'une rétrogradation disciplinaire par le salarié n'empêche pas l'employeur de prononcer un licenciement pour insuffisance professionnelle, Droit social 2022. 470.

L'AGENT PUBLIC FINALEMENT AU TRAVAIL CAR CONTRAINT OU PERSUADÉ

Clotaire MOULOUNGUI
Maître de conférences hors classe à l'ULCO (académie de Lille)
Ancien Chef du Département Gestion des Entreprises et des Administrations
Responsable de la licence professionnelle Métiers de la Gestion et du Social

Résumé : Peut-on, doit-on, pouvoir déplacer les agents (à l'instar de pions) afin de remplacer des absentéistes ici et là ? La réponse négative est immédiatement inspirée tant par le bon sens que par le droit lui-même. Tout au moins lorsqu'il est question d'une activité d'intérêt général. Car, en démocratie, c'est exceptionnellement que l'on sacrifie la liberté (la tranquillité) d'un citoyen au profit de la sérénité de la collectivité. Même alors, encore faut-il que la nécessité de l'affectation (de la mutation) existe.

Mots clefs : Mutation ; affectation ; inamovibilité ; principe d'adaptation du service public.

Abstract : Can, or should, we be able to move agents (like pawns) to replace absentees here and there? The negative answer is immediately inspired by both common sense and the law itself. At least when it comes to an activity of general interest. Because, in a democracy, it is exceptionally rare to sacrifice the freedom (tranquility) of a citizen for the sake of the serenity of the community. Even then, the need for the assignment (transfer) must still exist.

Keywords : Transfer; assignment; irremovability; principle of adaptation of public service.

1. – Les affectations et mutations en cas d'effectifs incomplets.

Peut-on, doit-on, pouvoir déplacer les agents (à l'instar de pions) afin de remplacer des absentéistes ici et là (140) ? La réponse négative est immédiatement inspirée tant par le bon sens que par le droit lui-même. Tout au moins lorsqu'il est question d'une activité d'intérêt général. Car, en démocratie, c'est exceptionnellement que l'on sacrifie la liberté (la tranquillité) d'un citoyen au profit de la sérénité de la collectivité (141).

Même alors, encore faut-il que la nécessité de l'affectation (de la mutation) existe. La loi du 26 janvier 1984 portant dispositions statutaires relatives à la fonction publique territoriale (art. 52) énonce sobrement que : *« L'autorité territoriale procède aux mouvements des fonctionnaires au sein de la collectivité ou de l'établissement ».* Selon toute apparence, le déplacement de l'agent pourrait être arbitraire, puisque soumis à la seule appréciation du dirigeant public.

Au demeurant, le principe d'inamovibilité ne protège guère que les magistrats du siège (142) ; ainsi que les enseignants-chercheurs,

---

140) Renaud PETIT et Véronique ZARDET, Attractivité, fidélisation et implication du personnel des EHP*AD* : une problématique sectorielle et de management, De Boeck Supérieur, @GRH, 2017/1 n° 22, pages 31 à 54, https://www.cairn.info/revue-@grh-2017-1-page-31.htm.

141) On rappellera que des associations privées et des sociétés commerciales reçoivent parfois la mission de satisfaire un besoin d'intérêt général ; c'est la délégation de service public. Dans cet esprit, les maîtres des écoles privées conventionnées sont rémunérés par le Trésor public, comme le sont les professeurs (fonctionnaires) de l'école publique. Cf. Andreas KALLERGIS, La participation de personnes privées aux activités régaliennes : le cas du recouvrement de l'impôt, *RFDA* 2021. 1129.

142) C'est un principe constitutionnel à lire à l'article 64 de la Constitution (de 1958). « *[Cette] garantie prime sur les droits de l'agent nommé en remplacement, même si ce dernier, bénéficiant lui-aussi de la garantie d'inamovibilité, en perd du coup le bénéfice – mais il faut bien qu'une des deux inamovibilités prime sur l'autre, et il est tout à fait logique, au vu de*

dans une certaine mesure (143). Plus généralement, l'auteur des mutations devrait peut-être sollicité au préalable, sinon le consentement de l'intéressé, tout au moins l'avis d'un tiers.

2. – L'avis paritaire autrefois pour le mouvement des fonctionnaires.

La mutation des fonctionnaires était autrefois subordonnée à l'obtention (préalable) de l'avis de la commission administrative paritaire compétente. Tout au moins, si l'agent subissait alors une modification de sa situation ou de celle de son domicile. Mais déjà, cet avis pouvait être sollicité seulement après coup ; au cas où la persistance de la vacance d'emploi apparaissait de nature à compromettre le fonctionnement du service (144).

Aujourd'hui, et depuis une loi de 2019, la hiérarchie administrative semble avoir les coudées franches (145). Il n'en reste pas moins qu'en cette matière (comme en toute autres) les décisions des autorités administratives leur sont commandées par l'intérêt général ou par les nécessités de service. Ce noble esprit demeurera en dépit de la modification du texte.

---

la finalité de cette garantie, qui est de mettre l'agent à l'abri des pressions, que ce soit la première » (Gweltaz EVEILLARD, Les conséquences de l'annulation de l'éviction d'un agent public sur son successeur, Droit Administratif n° 6, Juin 2022, comm. 25).

143) Il s'agit de leurs « *mutations (qui, selon une tradition d'inamovibilité confirmée par l'article 2 du décret de 1984, ne sont possibles que sur la demande de l'intéressé)* » (Didier TRUCHET, Réforme du statut des universitaires : l'agrégation et le reste - À propos du décret du 2 septembre 2014, La Semaine Juridique Edition Générale n° 40, 29 septembre 2014, act. 983). Comp. Didier JEAN-PIERRE, Les vacataires de l'enseignement secondaire : entre statut et précarité, La Semaine Juridique Administrations et Collectivités territoriales n° 49-50, 1er Décembre 2008, 2280.

144) L'idée étant qu'aucun moyen, même provisoire ne permettait de pallier au sous-effectif.

145) LOI n°2019-828 du 6 août 2019 - art. 10

En revanche, la réunion (préalable ou postérieure) d'une commission paritaire s'est éloignée (146).

3. – Les délais d'affichage des emplois du temps ou tableaux de service.

À l'hôpital, la planification du travail (médical ou paramédical) figure dans des tableaux de service signés par le chef d'établissement (le Directeur). Selon le texte réglementaire de référence, le personnel soignant a une visibilité de son activité *« pour une quinzaine ou éventuellement pour chaque mois »*. Concrètement, le tableau indique *« la répartition des heures de travail »*, et pour que nul n'en ignore, le document est placardé dans les services concernés.

Cet affichage du tableau a lieu *« quinze jours au moins avant son application »* (147). Au fond, comme les soignants doivent connaître leur planning des 2 semaines à venir, une semaine avant son application, cela revient pour eux à une visibilité de trois semaines ; presqu'un mois. C'est du moins l'idéal prôné par la réglementation. Hélas, les emplois du temps sont défaits trop rapidement à cause des absentéistes.

Des rectifications y son en effet apportées au jour le jour, voire d'une heure à l'autre. Si bien que le Directeur (ou son représentant) signe des tableaux de service bientôt caducs et qui, quelquefois, le sont déjà avant même cette signature.

---

146) Le juge des référés du tribunal administratif de Marseille (11 janvier 2019) aura peut-être ainsi raisonné. En tous cas, le Conseil d'État l'a démenti. Il dit « *qu'en jugeant que le moyen tiré de l'absence de consultation de la commission administrative paritaire n'était pas de nature à créer un doute sérieux quant à la légalité de la décision attaquée, le juge des référés a entaché son ordonnance d'erreur de droit* ». Cf. CONSEIL D'ÉTAT, 01 juillet 2019, n° 427395.

147) Décret n°2002-9 du 4 janvier 2002 relatif au temps de travail et à l'organisation du travail dans les établissements mentionnés à l'article 2 de la loi n° 86-33 du 9 janvier 1986 portant dispositions statutaires relatives à la fonction publique hospitalière, article 13.

4. – Le remplacement des absentéistes impromptus dans le service public.

Il arrive qu'un paramédical du matin ne rejoigne pas son poste dans le service hospitalier où il devrait œuvrer (148). Ou bien une telle défaillance concernera-t-elle un soignant de l'après-midi ; ou encore un troisième qui devait travailler la nuit. Heureusement, poussés par leur professionnalisme et par leur esprit de conciliation, les présents admettront souvent de rester plus longtemps qu'initialement prévu. Dans le même sens, d'autres soignants reprennent le service beaucoup plus tôt.

On ne peut dès lors que sourire à la lecture de cette formule décrétale qui en pratique reste lettre morte : *« Toute modification dans la répartition des heures de travail donne lieu, avant sa mise en vigueur, à une rectification du tableau de service établi »* (149). Mais, dans quel délai ? La réponse toute théorique est 48 heures (150). Pire, à la SNCF, les agents sont priés de ne pas se plaindre si la rectification (immédiate) de leur tableau de service dure moins de cinq jours (151).

---

148) Les excuses légitimes d'absence sont nombreuses : maladie personnelle ; maladie d'un membre de la famille ; grève des transports en commun ; calamité naturelle ; etc.

149) Décret n° 82-870 du 6 octobre 1982, relatif à l'organisation du travail dans les établissements d'hospitalisation publics, en son article 2. C'est un texte dont l'abrogation avait été programmée dans la perspective du passage aux 35 H à l'hôpital.

150) « *Toute modification dans la répartition des heures de travail donne lieu, 48 heures avant sa mise en vigueur, et sauf contrainte impérative de fonctionnement du service, à une rectification du tableau de service établi et à une information immédiate des agents concernés par cette modification* ». Cf. Article 13, alinéa 3 du Décret n°2002-9 du 4 janvier 2002 relatif au temps de travail et à l'organisation du travail dans les établissements mentionnés à l'article 2 de la loi n° 86-33 du 9 janvier 1986 portant dispositions statutaires relatives à la fonction publique hospitalière.

151) « *Toute modification à la répartition des heures de travail du tableau de service donne lieu, avant sa mise en application, à une rectification de ce*

La Cour de cassation (17 mai 2017) a ainsi jugé que : « *ayant constaté, dans l'exercice de son pouvoir souverain d'appréciation, qu'il existait des circonstances exceptionnelles et imprévues justifiant une modification du tableau de service et l'affectation provisoire des agents sur le chantier [...] sans leur accord, la cour d'appel [de Bordeaux] a fait une exacte application du texte* » (152). L'urgence s'impose donc comme excuse valable d'une permutation (passagère) du personnel.

5. – Les droits de l'agent public en cas de défaut d'affichage du tableau de service.

Quelques paramédicaux des hôpitaux sont convaincus qu'à force (ce leur part) de s'accommoder d'emplois du temps contestables, leur hiérarchie finit par perdre de vue le poids alors subi à cause du sous-effectif et de l'absentéisme. Malgré leur bonne volonté, ils doivent alors parfois se résigner à entamer une grève, voire un procès contre l'employeur.

Par exemple, une infirmière (du CENTRE HOSPITALIER DE BECHEVILLE) avait été désignée pour effectuer un service nocturne pour la nuit du 1er au 2 octobre 1983, par une rectification du tableau de service intervenue une semaine plus tôt (27 septembre 1983). Le problème est que cette décision modificative n'aura pas été prise par le chef d'établissement (mais par le "*chef de bureau aux services économiques*" du centre hospitalier).

De plus, la décision n'avait pas été portée à la connaissance du personnel par la voie réglementaire de l'affichage. Le tribunal administratif de Versailles (7 mai 1987) en a paradoxalement conclu que la requérante était tout à la fois recevable, mais mal

---

tableau, sauf s'il s'agit d'une modification valable pour une durée au plus égale à cinq journées de service consécutives » (Référentiel RH0077 relatif à la réglementation du travail, article 24, point 3).

152) CASS. SOC., 17 mai 2017, pourvoi n° 15-26.746, Infrapôle Aquitaine de la SNCF.

fondée, à en demander l'annulation. Le Conseil d'État a jugé l'inverse : obligation d'un affichage en temps utile de la décision, de plus nécessairement prise par l'autorité compétente elle-même (153).

De fait, l'administration hospitalière se trouve dans l'embarras quand, exceptionnellement, des agents cumulaient en eux la connaissance du droit (du temps de travail) et une solide fibre procédurière (154). Cela étant, l'on s'étonnera de la voie procédurale choisie par la requérante de l'hôpital de Becheville ; à savoir le recours en annulation (recours pour excès de pouvoir). En effet, le recours en indemnisation (le recours de plein contentieux) semblait plus indiqué (155).

6. – Les droits du salarié privé de son emploi du temps initial.

L'employeur du secteur privé est davantage tenu au respect des calendriers et horaires de travail que son collègue du secteur public

---

153) CONSEIL D'ÉTAT, 9 novembre 1992, n° 90214, Mentionné dans les tables du recueil Lebon. Attention, l'intérêt général et les nécessités de service sont susceptibles de justifier des exceptions au principe. On sait notamment que la théorie du fonctionnaire de fait et la théorie de l'urgence pourraient entrer en application.

154) Toutefois, même en cas de grande sollicitude du juge, hostile aux changements intempestifs d'emplois du temps, il y a bien longtemps que le tableau rectifié illicitement aura reçu complète application. Il aura épuisé tous ses effets avant qu'un jugement de suspension ait pu être prononcé. Le temps (juridictionnel) joue en défaveur des travailleurs.

155) Le droit privé permet plus facilement l'obtention de la sanction pénale et des dommages-intérêts (les fameux intérêts civils) auprès d'une même juridiction : le tribunal correctionnel ou la cour d'assises. Le droit administratif fait des distinctions entre le requérant juste désireux d'obtenir une annulation de texte et celui qui agit pour obtenir un avantage personnel. Dans ce dernier cas, il est question de recours de plein contentieux, encore dit recours de pleine juridiction.

(156). Par conséquent, à l'égard du salarié il n'y a ni faute professionnelle ni motif de licenciement en cas de refus d'une *« modification des horaires de travail au sein de chaque journée travaillée »*. L'article L3123-12, alinéa 2 du Code du travail, qui est le siège de la matière, reconduit cette prohibition du changement de la répartition des heures de travail.

En pratique, la loi semble renvoyer à la bonne volonté du salarié et, peut-être aussi, à son esprit de sacrifice. Car le travailleur n'échappe véritablement aux foudres de son employeur que si *« cette modification n'est pas compatible avec des obligations familiales impérieuses, avec le suivi d'un enseignement scolaire ou supérieur, avec l'accomplissement d'une période d'activité fixée par un autre employeur ou avec une activité professionnelle non salariée »* (157). Certes, ces exceptions (protectrices du salarié) sont en définitive nombreuses.

---

156) « *Certains changements d'horaire, de par leur ampleur et leur incidence sur la vie familiale, sont perçus comme une modification du contrat de travail. On songe notamment au passage d'un horaire continu à un horaire discontinu [...] ou encore au passage d'un horaire de jour à un horaire de nuit [...]. Dans ces hypothèses, le bouleversement apporté à l'économie du contrat impose de se placer sur le terrain de la modification du contrat [...]* » (Bernard BOSSU, La remise en cause du travail à domicile nécessite un accord des deux parties, La Semaine Juridique Social n° 42, 17 octobre 2006, 1815).

157) Code du travail, article L3123-12. Comme il a pu être soutenu, « *[...] un télétravailleur peut-il se voir enjoindre de revenir travailler dans l'entreprise ? La Cour de cassation a répondu clairement non dans un arrêt rendu le 31 mai 2006. [...]. En imposant à un salarié de quitter son domicile pour l'entreprise, c'est non seulement le lieu d'activité qui est concerné mais aussi le mode d'organisation de celle-ci [...], les horaires de travail ou encore la vie personnelle [...]. Et, parce que la modification est d'une grande ampleur, on doit considérer que c'est la relation contractuelle elle-même qui est modifiée. Un parallèle peut être aisément établi avec la jurisprudence relative à la modification des horaires de travail* » (Bernard BOSSU, précité).

7. – L'admissibilité d'une modification patronale de l'emploi du temps.

Une quinzaine d'années auparavant, la cour d'appel de Toulouse (23 mai 2002) avait jugé de la même façon. En l'espèce, en vue d'échapper au paiement de dommages-intérêts (pour les modifications d'horaires imposées à sa salariée), l'employeur avait soutenu qu'il s'agissait d'une modification de l'organisation de l'entreprise, laquelle se serait incidemment répercutée sur les plannings (158).

La faiblesse juridique de la position patronale provint de ce qu'il n'en rapportait pas la preuve, ni n'expliquait *« en quoi le changement des horaires de Mme Z... favorisait cette modification [de l'entreprise] »*. Mieux, l'arrêt confirmatif toulousain aura tenu à souligner une triste et traditionnelle réalité : *« l'employeur entend disposer comme il l'entend de l'emploi du temps de ses salariés, avec ou sans leur accord »* (159).

La cour d'appel de Riom (11 octobre 2005) a aussi eu à rappeler que : *« la répartition de la durée de travail entre les jours de la semaine de même que les cas dans lesquels une modification éventuelle de cette répartition peut intervenir constituent des éléments du contrat de travail à temps partiel qui ne peuvent être modifiés sans l'accord du salarié »* (160).

---

158) « *Pourtant, un changement apparemment mineur des horaires de travail peut avoir une incidence majeure sur la vie des salariés. L'on songe notamment à la compatibilité entre les horaires de travail et les horaires scolaires* » (Elsa PESKINE et Cyril WOLMARK, Droit du travail 2024, HyperCours, Dalloz, n° 507).

159) Cour d'appel de Toulouse, 23 mai 2002, n° de RG : 2001/04299.

160) Cour d'appel de Riom, chambre sociale, 11 octobre 2005. L'observation est critiquable par certains côtés, notamment lorsque l'employeur passe au numérique. Cf. Catherine MINET-LETALLE, Concurrence des règles de *Droit social* via l'utilisation du numérique, *Cahiers de droit de l'entreprise* n° 3, Mai 2019, dossier 16 : « *Des modes d'organisation particuliers permettant de prendre en compte l'autonomie du salarié existent, mais ils*

8. – L'accord du salarié pour une modification valide de son emploi du temps.

Dans l'espèce ci-dessus soumise aux conseillers riomois (11 octobre 2005), il y avait une *« clause permettant à l'employeur de modifier la répartition de la durée du travail en fonction de la "nécessité d'aménager l'organisation du service pour améliorer son fonctionnement"»*. C'est sur le fondement de cette disposition contractuelle que l'employeur avait licencié la salariée opposée à un énième changement d'horaires.

Toutefois, les juges ont décelé dans cette clause l'emprise (persuasive) de l'employeur, sa violence économique. Plus précisément, la clause accordait *« à l'employeur un pouvoir discrétionnaire »*. Or le pouvoir discrétionnaire dégénère fatalement en pouvoir arbitraire s'il n'y a, en amont, un discernement du dirigeant, et en aval, la possibilité d'un contrôle juridictionnel (161).

La conclusion prétorienne fut conséquemment que l'employeur aurait dû rechercher la volonté de la salariée (pour s'y conformer). Il ne pouvait par ailleurs sanctionner l'intéressée pour son éventuel refus du changement impromptu et probablement désagréable de l'horaire (162).

---

ne répondent pas complètement au problème de concurrence qui s'établit entre le salarié « hyperconnecté » et le salarié classique ».

161) En vérité, le contrôle juridictionnel sera parfois précédé par un contrôle hiérarchique opéré sur le chef auteur de la modification. Cette hiérarchie dispose d'un pouvoir de réformation des décisions (malheureuses) des subordonnés. Conf. Xavier POTTIER, La régularisation d'un vice de procédure excède-t-elle le pouvoir hiérarchique de droit commun ? *AJDA* 2022. 1990.

162) Cet arrêt confirmatif semble néanmoins poser une réserve ; lorsqu'on le lit a contrario : « *l'employeur ne pouvait faire grief à la salariée de son refus de rejoindre son nouveau poste. Dans la mesure où il n'a pas soutenu avoir invité la salariée à reprendre son ancien poste, il ne pouvait la licencier*

9. – La violence économique d'un droit patronal à des modifications.

Dans le cas précédent, le législateur traite spécifiquement des salariés à temps partiel et des travailleurs d'associations ou d'entreprises d'aide à domicile (163). Ensuite, les exceptions sont classiquement d'interprétation stricte (164). Mais, l'on voit mal pourquoi une extension analogique serait impossible au profit des travailleurs à temps complet (165).

Mieux, rien ne paraît justifier que (a contrario, indirectement), le législateur ait conféré à l'employeur de droit commun le privilège de transgresser le contenu du contrat de travail. Or tous les salariés ont vocation à bénéficier d'une vie planifiée, et parfois loin du travail subordonné. Peu importe ici que le salarié à temps complet doive en principe se rendre complètement disponible pour son employeur unique (166).

---

pour absence injustifiée au motif qu'elle ne s'est pas présentée au travail » (Cour d'appel de Riom, précitée).

163) Code du travail, article L3123-6, alinéa 1.

164) Carine BIGET, Stricte interprétation de l'exception à l'obligation d'information du patient, DA 9 octobre 2012. « *Révérence gardée envers le principe d'interprétation stricte des exceptions, il est traditionnellement retenu que ces incapacités sont de droit étroit et qu'elles ne peuvent être étendues par le juge* » (Jean-Baptiste SEUBE, La capacité de recevoir, Defrénois 28 février 2014, n° 115e6, p. 177).

165) Une objection à cette suggestion est envisageable ; mais en passant par un détour. À commencer par le fait que le salarié en CDI et à temps plein bénéficie de tous les avantages possibles de la législation sociale ; tout au moins s'il ne relève pas de quelques catégories particulières. Les "damnés" qui triment dans ces domaines-là ont dès lors de rares avantages spécifiques. On pourrait comprendre que ces avantages soient réservés. Il y aurait une sorte d'égoïsme ou de limitation de la générosité par souci d'équité.

166) Dans une autre affaire, un agent de service, relevant de la convention collective nationale de la propreté, avait un contrat de travail à temps partiel (daté du 21 décembre 2004). Toutefois, son employeur ne respectait pas l'horaire. Ce faisant, cet employeur commettait-il alors une faute

10. – La tentation du recours contre l'employeur pour sous-effectif préjudiciable.

La cour administrative d'appel de Paris (10 décembre 2013) a eu à rejeter une demande visant à condamner une administration pour sous-effectif. Apparemment, à cause du manque constaté de personnel, la responsable de service avait souvent dû renoncer à ses congés (167). Malheureusement pour elle, c'est un arrêt confirmatif pur et simple qui aura été rendu (168).

Car la valeur probatoire du relevé des absences (et des présences) des agents qu'elle gérait était insuffisante. Selon les juges, il aurait fallu des précisions sur le nombre d'agents en poste et sur leurs missions. Le considérant essentiel de cet arrêt conclut à l'inopérance de la seule affirmation d'un manque de personnel dans

---

ouvrant droit à indemnisation ? La cour d'appel de Versailles (27 janvier 2016) a répondu affirmativement. Par la suite, la Cour de cassation (21 septembre 2017) a été du même avis. D'après celle-ci, « *aux termes de l'article L3123-21 du code du travail dans sa rédaction applicable en la cause, toute modification de la répartition de la durée du travail entre les jours de la semaine ou les semaines du mois est notifiée au salarié sept jours avant la date à laquelle elle doit avoir lieu* » (CASS. SOC., 21 septembre 2017, pourvoi n° 16-14282).

167) Cour administrative d'appel de Paris, 10ème chambre, 10 décembre 2013, Mme X c/ Assistance publique - Hôpitaux de Paris, n° 11PA03266, Inédit au recueil Lebon. Selon elle, il y avait « *une faute de l'administration hospitalière dans l'organisation du service, laquelle l'aurait amenée à faire un grand nombre d'heures supplémentaires et à renoncer à une partie de ses congés annuels pour que soit assuré le bon fonctionnement de son service* ». Elle espérait une somme globale de 15721,92 euros, assortie des intérêts légaux à compter du 27 novembre 2008, puis de la capitalisation des intérêts à compter du 27 novembre 2009, de même qu'à chaque date anniversaire, depuis de cette date.

168) Le jugement dont il était fait appel avait été rendu par le tribunal administratif de Paris (12 mai 2011), puisque la requérante était cadre dans l'un des hôpitaux de Paris intra muros.

le service. Certes, la requérante avait fourni un tableau des absences récupéré aux archives médicales.

Le problème est que c'est elle-même qui l'avait initialement établi. Dès lors, ce tableau ne pouvait *« être regardé comme établissant de manière probante un absentéisme excessif du personnel du service dont elle avait la charge »*. L'indemnisation qu'elle souhaitait lui fut pareillement refusée pour défaut de preuve. Il est vrai que la charge de celle-ci pèse normalement sur la tête du requérant (le demandeur) ; sauf dans les hypothèses de présomptions, légales ou juridictionnelles (169).

Devant un tribunal correctionnel, la demande fondée sur le refus de ses congés annuels à l'agent aurait peut-être davantage prospéré. Car une fois la faute pénale établie, la juridiction se serait penchée sur la somme véritablement représentative des intérêts civils de cette victime. Surtout que celle-ci pouvait exhiber des certificats médicaux justificatifs de ses problèmes professionnels et de son état de santé (170).

---

169) Les conseillers administratifs parisiens ne se seront pas empêchés de reprocher à la requérante de s'être prévalu, en appel, « *des principes régissant la charge de la preuve en matière de recours pour excès de pouvoir [REP, annulation], qui ne sont pas applicables dans la présente requête de plein contentieux [avantage patrimonial]* ». En effet, dans le recours en annulation qu'est le REP, la preuve est facilitée aux requérants. Deux raisons a priori : d'une part, le juge connaît les textes et principes supérieurs que l'administrateur est supposé avoir ignorés ; d'autre part, il ne faut pas laisser s'installer dans l'ordonnancement juridique un texte (inférieur) illégal. Au contraire, et sauf dans les régimes indemnitaires particuliers (responsabilité sans faute), le requérant doit démontrer (matériellement et juridiquement) son droit à recevoir une compensation prélevée à son profit de la caisse commune, du Trésor public.

170) La requérante avait (vainement) soutenu que « *la carence fautive de son employeur dans la gestion des personnels l'aurait contrainte à pallier les insuffisances professionnelles de certains des agents de son service par un surcroît de travail et que ce surmenage aurait été la cause de manifestations anxio-dépressives et de troubles du sommeil, en raison*

desquels son médecin lui a prescrit des antidépresseurs et qui sont à l'origine de son congé de maladie de juillet 2002 jusqu'en janvier 2005 ».

LA DURÉE DE L'ABSENCE RUINEUSE ET LA QUESTION DES JOURS FÉRIÉS

Clotaire MOULOUNGUI
Maître de conférences hors classe à l'ULCO (académie de Lille)
Ancien Chef du Département Gestion des Entreprises et des Administrations
Responsable de la licence professionnelle Métiers de la Gestion et du Social

Résumé : La mensualisation est un mécanisme qui permet le lissage des rémunérations de façons que le travailleur perçoive presque la même somme de mois en mois, sans à-coup. Dans ce cadre, tous les mois ont 30 jours, et le travailleur, à l'œuvre, pendant chacun d'eux. Or en pratique la plupart des fonctionnaires et des salariés travaillent du lundi au vendredi inclus, à raison de sept heures par jour. Si un travailleur décide de ne pas aller à son travail le vendredi après-midi, de façon à bénéficier plus tôt du weekend, il s'exposerait certainement aux foudres de son employeur.

Mots clefs : Mensualisation ; retenue sur salaire ; jours ouvrés ; jours chômés et payés ; absentéisme.

Abstract : Monthly pay is a mechanism that allows for the smoothing of wages so that workers receive almost the same amount from month to month, without interruption. In this context, each month has 30 days, and the worker is at work during each one. However, in practice, most civil servants and employees work from Monday to Friday inclusive, for seven hours per day. If a worker decides not to go to work on Friday afternoons in order to benefit from the weekend earlier, they would certainly expose themselves to the wrath of their employer.

Keywords : Monthly pay; salary deduction; working days; paid holidays; absenteeism.

1. – La question des absences survenues avant et/ou après un weekend.

La mensualisation est un mécanisme qui permet le lissage des rémunérations de façons que le travailleur perçoive presque la même somme de mois en mois, sans à-coup. Dans ce cadre, tous les mois ont 30 jours, et le travailleur à l'œuvre pendant chacun d'eux. Or, en pratique, la plupart des fonctionnaires et des salariés travaillent du lundi au vendredi inclus, à raison de sept heures par jour.

En gros, pas le samedi et le dimanche, notamment pour ne point dépasser les 35 heures hebdomadaires de travail subordonné. Du reste, il y a par exemple la règle du dépôt dominical. Il n'empêche que si un travailleur décide de ne pas aller à son travail le vendredi après-midi, de façon à bénéficier plus tôt du weekend, il s'exposerait certainement aux foudres de son employeur. Solution identique à l'encontre du travailleur qui prolongerait son weekend, et reviendrait donc seulement l'après-midi du lundi, voire plus tard.

Lorsque de telles situations d'absentéisme surviennent, faut-il intégrer le samedi et le dimanche dans la période d'indisponibilité blâmable ? L'hésitation est permise, car le lieu de travail est fermé le samedi et le dimanche ; autrement dit, l'intéressé n'aura véritablement été absent que durant les deux demi-journées ouvrées, vendredi après-midi et lundi matin. Sinon, il faudrait lui décompter six demi-journées d'absence, vu que le weekend en comporte quatre.

Bref, l'absentéisme en cause est susceptible d'une interprétation basse (de deux demi-journées) et d'une interprétation haute (de six demi-journées) (171).

2. – La perte des jours chômés payés compris dans la période de grève.

Dans l'ARRÊT SOCIÉTÉ LANVAUX, il avait été question du sort juridique du jour de grève qu'aura été le 25 mai 1995. Car c'était un jour férié, chômé et payé (172). Les deux salariés concernés n'admettaient contre eux qu'une retenue sur les (autres) jours non réellement travaillés.

La question de droit était ainsi de savoir si un employeur était nécessairement débiteur du salaire pour les jours fériés (et payés) compris dans une période de grève. La réponse est facile lorsque l'on sait si le contrat de travail était suspendu ou non durant ce laps de temps ; pas de rémunération en cas de suspension (173). Même si le doute pourrait s'insinuer en cas de pluralité de causes possibles de suspension pour le même travailleur.

D'après un professeur, « *Il convient ici d'appliquer la méthode classique de solution en cas de cumul de suspensions : la cause première entraîne la qualification de l'ensemble. Ainsi un gréviste tombant*

---

171) On insistera sur le fait qu'il s'agira de jours où dans l'entreprise l'on travaille effectivement, et non pas des jours où l'entreprise aurait pu prévoir d'ouvrir. Ce raisonnement vaut aussi pour l'attribution des congés payés au salarié. Effectivement : « *si on décompte en jours ouvrables il aura droit à un jour supplémentaire ou il lui sera décompté un jour de moins. En revanche, si le décompte se fait en jours ouvrés, l'inclusion de jours fériés pendant ses congés n'aura aucune incidence* » (Gérard VACHET, Jours fériés, *Répertoire de droit du travail*, septembre 2019, n° 46).

172) CASS. SOC., 24 juin 1998, SOCIÉTÉ LANVAUX, pourvois nos 96-44.234 et 96-44.235, Bulletin 1998 V n° 335 p. 253. Tout le mouvement social en cause s'était étalé du 23 au 29 mai 1995.

173) Jean-Emmanuel RAY, Grève. Rémunération. Jour férié ou de repos. Paiement (non), Droit social 1998. 853.

malade reste gréviste, mais à l'inverse le militant de toujours tombé malade la veille de la grève qu'il a initiée ne peut se voir suspendre ses prestations sous prétexte qu'il y aurait à coup sûr participé. Sans parler de la gréviste enceinte tombant malade la veille du 14 juillet, dont la situation exacte effraye tant les étudiants n'ayant pas compris cette règle simple » (174).

Dans notre affaire, le conseil de prud'hommes de Vannes (25 juin 1996) avait répondu par la négative : l'employeur n'était dès lors pas tenu. Le pourvoi en cassation qui s'en suivit ne prospéra point. Car, jugea la Cour de cassation (24 juin 1998) : *« l'exercice du droit de grève suspend l'exécution du contrat de travail pendant toute la durée de l'arrêt de travail, en sorte que l'employeur est délié de l'obligation de payer le salaire ; que le salarié qui s'est associé au mouvement de grève doit être légalement considéré, sauf preuve contraire de sa part, comme gréviste pour toute la durée du mouvement ; qu'il ne peut donc prétendre au paiement de sa rémunération pendant cette période, peu important qu'elle comprenne un jour férié chômé et payé aux salariés qui continuent l'exécution de leur contrat de travail »*.

La gratuité de la rémunération relative aux jours fériés, chômés et payés, ne profite ainsi donc qu'au travailleur dont le lien juridique avec son employeur persisterait complètement (175).

3. – Une rémunération pour le temps consacré au travail par le gréviste.

Dans l'affaire SOCIÉTÉ FABRIQUES RÉUNIES DE LAMPES ÉLECTRIQUES, une grève était limitée à une heure par jour. Selon la Cour de

---

174) Idem.

175) Malgré la suspension du contrat de travail, des obligations résiduelles subsistent entre l'employeur et son salarié. Comme disent deux professeurs, « *durant toute la période de suspension, certaines obligations secondaires demeurent* » (Elsa PESKINE et Cyril WOLMARK, Droit du travail 2024, HyperCours, Dalloz, 2023, n° 544). Par exemple encore : Catherine PUIGELIER, Suspension du contrat de travail pour maladie, obligation de loyauté et obligation de collaboration, D. 2000. 511.

cassation (20 février 1980), les juges du conseil de prud'hommes de Dijon (03 mai 1978) *« en ont exactement déduit que les contrat de travail n'avaient été suspendus que pendant les heures de débrayage, et que les intéressés, pendant cette période, avaient droit en application de la convention collective au complément des salaires qu'ils auraient perçus pour les heures pendant lesquelles ils auraient normalement travaillé s'ils n'avaient pas été malades »* (176).

Il y aura eu un maintien de la rémunération, pour le temps travaillé dans la journée (de grève), ainsi que pour les périodes de toute façon payables sans travail. Des travailleurs pratiquent parfois des arrêts de travail inférieurs à une heure de temps, en s'imaginant qu'une telle grève minimaliste ne leur entraînera pas de perte financière.

4. – La perte par le fonctionnaire des jours entre le début et la fin de la grève.

La jurisprudence administrative se révèle clairement pour le décompte des durées défavorables aux grévistes. Un arrêt du Conseil d'État (15 décembre 1967), rendu dans l'AFFAIRE DANCHIN, avait concerné des fonctionnaires (des professeurs). La question était de savoir si la période intermédiaire entre deux dates, des dates où l'on aura été sûr que le fonctionnaire avait fait grève, devait être intégrée dans la durée de sa grève. Réponse positive du juge administratif.

Cette jurisprudence fut ensuite réaffirmée par le Conseil d'État (7 juillet 1978) dans l'AFFAIRE OMONT (177). Son arrêt porte que : *« en cas d'absence de service fait pendant plusieurs jours consécutifs le décompte des retenues à opérer sur le traitement mensuel d'un agent public s'élève à autant de trentièmes qu'il y a de journées comprises du premier jour inclus au dernier jour inclus où cette absence de service fait a été constatée, même si, durant certaines de ces journées,*

176) CASS. SOC., 20 février 1980, Société Fabriques Réunies de Lampes Électriques, pourvoi n° 78-41.116, Bulletin n° 161.
177) Recueil Lebon 1978, p. 304.

cet agent n'avait, pour quelque cause que ce soit, aucun service à accomplir ».

La règle jurisprudentielle est ainsi d'intégrer les jours de la période intermédiaire dans l'intervalle sans service fait. Il n'importe nullement que durant cet intervalle aucun travail n'était possible matériellement ou juridiquement (congés, sinistre, etc.). Les hésitations qui subsistaient encore sur cette jurisprudence ont été levées (178).

5. – La perte financière excessive ou injuste des professeurs grévistes.

Bien évidente à dès lors paru la sévérité ou l'injustice des retenues à l'encontre des agents publics *« dont le temps de présence n'est pas continu »* (179) ; en particulier les enseignants. Précisément, l'ARRÊT OMONT pénalisa un enseignant-chercheur. Cet arrêt constitua un revirement incompréhensible, même pour le commissaire du gouvernement (aujourd'hui le rapporteur public), dont l'avis juridique fut donc ignoré.

Dans l'AFFAIRE TINEL (6 mai 1988), la solution prétorienne fut reconduite à l'encontre cette fois d'un professeur du secondaire (180). Cette jurisprudence administrative ignore incontestablement

178) Luc DEREPAS, Le Conseil d'État précise sa jurisprudence sur les retenues sur traitement pour cause de grève, *Droit social* 2009. 64 ; Philippe SOUBIROUS, Assouplissement des règles de retenue sur rémunération des fonctionnaires grévistes, *AJDA* 2008. 1667 : « *la cour suprême confirme la retenue pour les mercredi, samedi et dimanche par application de la règle habituelle. Mais après avoir considéré le droit au congé annuel des fonctionnaires et que ces jours de congés avaient été fixés antérieurement au conflit en cause et autorisés par son chef de service, la retenue sur son traitement des jeudi et vendredi était jugée illégale* ».

179) Roger LATOURNERIE, Le droit français de la grève, Sirey, 1972, p. 711.

180) CONSEIL D'ÉTAT, 6 mai 1988, Tinel, *AJDA* 1988, p. 585, chron. Michel Azibert et Martine de Boisdeffre.

la façon dont les professeurs font grève, surtout à l'université. Aussi des auteurs l'ont-ils conséquemment qualifiée de *« radicale »* (181).

Pourquoi précisément ? D'une part, parce qu'il est fréquent que les professeurs rattrapent les cours qui auront été compromis par leur mouvement social (182). Autrement dit, les usagers (les étudiants) ne souffrent pas forcément de leurs arrêts de travail (183).

En tous cas, malgré sa pseudo-grève, le professeur aura poursuivi sa préparation des cours, sa finalisation d'articles, et sa correction des copies de devoirs ou d'examens. Autant de tâches (invisibles) dont le public et le juge administratif n'ont pas forcément conscience (184). Quelques enseignants ne font peut-être pas toujours preuve d'une parfaite conscience professionnelle à l'égard de ces missions invisibles.

---

181) Michel AZIBERT et Martine DE BOISDEFFRE, chronique précitée à l'*AJDA* 1988.

182) Contrairement à ce qui se passe souvent dans le secteur privé (suivant le bon vouloir de l'employeur), le rattrapage (de l'activité) ne préserve pas de la retenue dans le service public. C'est l'application du fameux article 4 de la loi de finances rectificative du 29 juillet 1961, modifiée.

183) Bien au contraire, quelques étudiants (sans doute les mauvais), se félicitent de telles vacances inespérées ; même quand d'ailleurs la présence aux cours n'est pas obligatoire. Cela étant, ils préféreront un arrêt de cours planifié longtemps à l'avance, de façon à ne pas se rendre vainement dans les locaux de leur établissement d'études.

184) Mais l'enseignant-chercheur aurait bien tort de se plaindre à grand cri ; sachant que plusieurs de ses concitoyens se voient dénier les services (tâches invisibles) rendus à la société en général (éboueurs, femmes de ménages et autres), ou bien rendus à la maisonnée (double journées des femmes). En effet, elles « *ont, trop souvent encore, la charge insuffisamment partagée des tâches domestiques et d'éducation et, plus globalement, la charge mentale et émotionnelle* » (https://www.haut-conseil-egalite.gouv.fr/parite/actualites/article/vigilance-egalite-l-egalite-dans-la-reforme-de-la-haute-fonction-publique). Cf. aussi Luc MOREAU, Haute fonction publique et égalité entre les femmes et les hommes, AJCT 2022. 203.

De pareils enseignants négligent probablement aussi leurs missions voyantes. Une chose est certaine : ces professeurs blâmables ne subissent pas (pour autant) de pénalité financière (185).

6. – L'extension gouvernementale de la jurisprudence Omont (sur les profs).

Une circulaire du 30 juillet 2003 (du Gouvernement Raffarin) a étendu à l'ensemble des fonctionnaires de l'État la jurisprudence défavorable aux enseignants. La circulaire a fait suite à des mouvements sociaux plutôt durs survenus au printemps de cette année 2003 (186). Le gouvernement se sera ainsi préservé des conséquences négatives de grèves futures.

Les partis de Gauche et les syndicats (de même obédience politique) auraient plutôt préféré une meilleure attention sur les causes des grèves. À savoir des rémunérations insuffisantes et des conditions de travail éprouvantes. En conséquence de cette évolution réglementaire, le revenu de tous subit une déduction (pour absentéisme, ou plutôt pour service non fait) même pour des jours où leur administration était fermée.

Faute de disposition rigoriste similaire, les deux autres fonctions publiques (hospitalière et territoriale) se voient plutôt appliquer des règles proches de celles du secteur privé. Le cas échéant, la perte

---

185) Tout au moins, tant qu'ils n'ont pas l'outrecuidance de cumuler une semblable carence professionnelle habituelle avec un exercice ponctuel de leur droit de grève.

186) « *Les nombreuses grèves et manifestations, prévues dès aujourd'hui contre les projets du gouvernement en matière de retraites et d'éducation, vont à nouveau dominer la semaine sociale* » (https://www.ladepeche.fr/article/2003/06/02/203266-raffarin-syndicats-le-bras-de-fer.html). « *Le 1er février 2003, les syndicats manifestent à Paris pour la défense des retraites. Deux jours plus tard, le Premier ministre Jean-Pierre Raffarin présente la réforme des retraites devant le Conseil économique et social* » (https://enseignants.lumni.fr/fiche-media/00000000488/la-reforme-des-retraites-en-2003.html).

financière épouse la durée réelle de l'indisponibilité soufferte par l'employeur. Cela renvoie à l'idée de proportionnalité chez presque tous les auteurs ; ce qui est contestable.

Car plusieurs unités de compte sont utilisées (heure, demi-journée, journée), et la retenue opérée est rarement leur multiple ou leur sous-multiple.

7. – La réduction de la perte encourue au moyen d'une grève à éclipses.

Que faut-il décider si le fonctionnaire gréviste était parfois revenu travailler ? Ses quelques jours de service doivent-ils lui être payés ? Une réponse positive mais partisane a parfois été donnée (187). En pratique, les syndicats font l'effort de s'approprier le dispositif du préavis à l'origine profitable seulement à l'employeur public (et à ses usagers). Ils font coïncider le préavis avec les jours où les agents font vraiment grève, puisque attendus à leur poste de travail, et n'y seront pas.

Les weekends et autres jours fériés semblent pouvoir être rémunérés, en les présentant comme exclus de la grève. Même solution pour le jour de repos éventuellement situé dans la semaine en cause. En définitive, les syndicats et les salariés indiquent les périodes où leur pénalisation pécuniaire serait légitime, vu que la relation de travail sera suspendue.

---

187) Selon toute apparence, « *il serait illégal et inique de lui retenir un trentième pour le jour où il a effectivement tenu son service en application pure et simple de la règle du service fait* » (Pierre-Ange ZALCBERG, https://www.village-justice.com/articles/regime-retenues-faits-greve,3041.html). Comme les jours de grève constituent un tout, il faut manifester sa volonté expresse (écrite ou factuelle) de reprendre le travail. Bien entendu, il y a une difficulté pour s'exprimer en ce sens si les jours de grève jouxtent un jour de repos.

Le préavis de grève peut d'ailleurs contenir plusieurs étapes (des sous-grèves) à venir ; leur concrétisation ou non dépendra de l'avancement des négociations avec l'employeur (188).

Une ingénierie calendaire s'impose par ailleurs pour la validité du préavis de grève lui-même, car pour la loi sa durée est de cinq jours. Certainement de cinq jours ouvrables. La doctrine le rappelle volontiers : *« le fait que le dernier jour du préavis expire un samedi ou un dimanche ne proroge pas le délai jusqu'au premier jour ouvrable suivant »* (189).

8. – La pénalisation excessive d'une grève faussement longue.

La retenue sur salaire pour absence à l'occasion d'une grève peut quelquefois être supérieure à la durée réelle de cette grève. L'illustration de la situation est fournie par l'agent devant travailler entre 20 heures et 6 heures du matin, et qui s'associerait à une grève se déroulant en journée. À l'instar de ses collègues, il ratera la rémunération correspondant à cette journée.

Mais, eux ne subiront que cette amputation de salaire et, lui, deux amputations. Car, il faudra aussi le considérer (tout seul ?) comme gréviste lors de la nuit de travail (20H-06H). Deux auteurs approuvent la possibilité de cette peine renforcée. Selon eux, la solution *« semble combiner heureusement la notion comptable de*

188) Geneviève PIGNARRE, Retour sur les retenues (illicites) de salaire en cas de conflit collectif, *Rev. trav.* 2018. 684.

189) Arnaud MARTINON, Décompte du délai de préavis de grève dans le secteur public, *La Semaine Juridique Social* n° 38, 21 septembre 2010, 1377 ; Sébastien MIARA, Sur le décompte du délai de cinq jours francs d'un préavis de grève, *La Semaine Juridique Social* n° 16-17, 20 avril 2010, act. 228.

trentième indivisible avec les diverses modalités possibles d'organisation du travail » (190).

En vérité, l'on peut en douter. Car c'est là « *une solution sévère qui n'avait rien d'inéluctable* » (191). Peut-être qu'en pur droit la solution "*tiendra-t-elle la route*"; mais non du point de vue de l'opportunité (192). Le doute s'insinue par ailleurs à propos du caractère forfaitaire ou proportionnel de la retenue.

---

190) Yves ROBINEAU et Marc-André FEFFER, Chron. Sous C.E. Assemblée, 15 février 1980, Secrétaire d'État aux Postes et Télécommunications c/ Faure, *AJDA* 1980, p. 283.

191) Fabrice MELLERAY, Les retenues pécuniaires pour fait de grève dans les services publics, *AJDA* 2003 p.1648.

192) Par exemple : « *Alors que le préfet peut légalement se dispenser d'examiner si un étranger a droit à un titre de séjour sur un autre fondement que celui dont l'intéressé s'est prévalu devant lui, en revanche, il méconnaît l'étendue de sa compétence lorsqu'il omet de s'interroger, à l'occasion de l'examen d'une quelconque demande de titre de séjour, sur l'opportunité d'une régularisation gracieuse* » (Guillaume DE LA TAILLE, Les limites du pouvoir discrétionnaire de régularisation du préfet, AJDA 2012. 1501).

L'ABSENTÉISME À FONDEMENT POLITIQUE OU RELIGIEUX

Clotaire MOULOUNGUI
Maître de conférences hors classe à l'ULCO (académie de Lille)
Ancien Chef du Département Gestion des Entreprises et des Administrations
Responsable de la licence professionnelle Métiers de la Gestion et du Social

Résumé : Le point de départ des développements qui suivent est que la liberté religieuse et la liberté politique, de même que le droit de les manifester, bénéficient d'une protection juridique de valeur constitutionnelle. Or, au contraire, les droits et obligations qui rythment une relation de travail (de fonctionnaire ou de salarié) relèvent d'un niveau juridique nettement plus faible (légal, réglementaire, conventionnel, contractuel).

Mots clefs : Absentéisme ; travailleur pratiquant ; élève musulman ou juif ; dispense de cours ; obligation d'assiduité.

Abstract : The starting point for the following discussion is that religious freedom and political freedom, as well as the right to manifest them, benefit from legal protection of constitutional value. However, on the contrary, the rights and obligations that punctuate an employment relationship (whether civil servant or employee) fall under a much weaker legal framework (legal, regulatory, conventional, contractual).

Keywords : Absenteeism; practicing worker; Muslim or Jewish student; exemption from classes; attendance requirement.

1. – Le conflit de convictions politiques ou religieuses avec des obligations professionnelles ou scolaires.

Le point de départ des développements qui suivent est que la liberté religieuse et la liberté politique, de même que le droit de les manifester, bénéficient d'une protection juridique de valeur constitutionnelle. Or, au contraire, les droits et obligations qui rythment une relation de travail (de fonctionnaire ou de salarié) relèvent d'un niveau juridique nettement plus faible (légal, réglementaire, conventionnel, contractuel).

Toutefois, le caractère laïc et le caractère apolitique du service public sont des préceptes qui finissent par se hisser vers la hiérarchie constitutionnelle. Car coutumes et textes les consacrent comme des PFRLR, c'est-à-dire des principes fondamentaux reconnus par les lois de la République (193).

Mais dans le secteur privé, beaucoup moins certain est cette consécration de la laïcité et de l'apolitisme (194). Au demeurant,

---

193) Il n'empêche que « *la plus grande épuration dans notre magistrature date du début de la IIIe République ; plusieurs centaines de magistrats avaient démissionné lors des décrets anticongrégationnistes de 1880 au nom de leurs convictions religieuses* » (RÉDACTION, Les cahiers de la justice 2022. 1).

194) Certes, le Code du travail oblige les travailleurs à se soumettre à leur employeur et aux horaires planifiés par celui-ci. Néanmoins, la discussion reste ouverte. Car le Parlement et le Gouvernement adoptent les règles relevant de leurs champs de compétences respectifs en tenant compte des règles supérieures préexistantes. Celles-ci sont composées des règles à valeur constitutionnelle (comprises dans le bloc de constitutionnalité) ainsi, par exemple, les règles conventionnelles (issues de conventions et traités internationaux européens). Ces dernières ont souvent était adoptées des décennies après les textes français et semblent s'en inspirer. Le travailleur qui utilise son droit de grève ne perçoit pas de rémunération pendant le temps d'absence. Néanmoins, il ne saurait être licencié pour avoir usé d'un droit constitutionnellement garanti. Le même raisonnement

lorsque des principes de valeur constitutionnelle se contredisent ou sont en concours, il faut s'efforcer de les concilier, aucun d'eux ne devant être complètement ignoré. La disponibilité professionnelle et l'absentéisme à motif religieux devraient ainsi coexister harmonieusement.

Il n'en demeure pas moins que relativement à ces questions les chefs d'entreprise et les directeurs d'administration peinent à indiquer un cap clair à leurs équipes ; ils semblent parfois naviguent dans un océan démonté et au brouillard épais. De même, dans les lycées et collèges, à la fin du siècle dernier tout au moins, l'on a pu déplorer une indisponibilité des élèves pour des motifs religieux. Cela aura ensuite donné à la juridiction administrative des occasions d'arbitrer entre ces principes.

2. – L'autorisation d'absence en vue de l'exercice de son culte religieux.

Pour commencer, des associations religieuses avaient entendu faire annuler un décret (désormais intégré dans le Code de l'éducation) pour atteinte à la liberté religieuse des élèves. Ce décret semblait commander d'observer tous les créneaux horaires planifiés dans la journée et la semaine par tout établissement scolaire. À les croire, un pareil caractère général et absolu du respect de l'emploi du temps paraissait exclure le droit à des dérogations (pour un absentéisme fondé sur la pratique religieuse).

Peut-être pour les rassurer, le Conseil d'État répondit que *« lesdites dispositions n'ont pas eu pour objet et ne sauraient avoir légalement pour effet d'interdire aux élèves qui en font la demande de bénéficier individuellement des autorisations d'absence nécessaires à l'exercice d'un culte ou à la célébration d'une fête religieuse, dans le cas où ces absences sont compatibles avec l'accomplissement des tâches*

---

n'est-il pas transposable au travailleur qui décide d'aller célébrer son culte religieux ?

inhérentes à leurs études et avec le respect de l'ordre public dans l'établissement » (195).

Sous ces deux réserves, il apparaît qu'un élève est recevable à solliciter une autorisation d'absence. Il sera alors plutôt dans son lieu de culte. Au fond, il était difficile (à la haute juridiction administrative) de se prononcer autrement, tant il était contraint par de nombreux textes constitutionnels ou conventionnels.

3. – Le droit du travailleur au respect de ses convictions religieuses.

Premièrement, en 1789, la Déclaration des droits de l'homme et du citoyen avait énoncé que : « *Nul ne doit être inquiété pour ses opinions, même religieuses, pourvu que leur manifestation ne trouble pas l'ordre public établi par la loi* » (196). Le principe aura été réaffirmé dans les termes suivants en 1905 : « *La République assure la liberté de conscience. Elle garantit le libre exercice des cultes sous les seules restrictions édictées ci-après dans l'intérêt de l'ordre public* » (197).

Puis, en 1950, la Convention Européenne des Droits de l'Homme et des Libertés Fondamentales (la CEDHLF) aura proclamé que : « *Toute personne a droit à la liberté de pensée, de conscience et de religion ; ce droit implique [...] la liberté de manifester sa religion ou sa conviction individuellement ou collectivement, en public ou en privé, par le culte, l'enseignement, les pratiques et l'accomplissement des rites* » (198).

---

195) CONSEIL D'ÉTAT, Assemblée, 14 avril 1995, M. Koen c/ Lycée Masséna de Nice.

196) Article 10 de la Déclaration des droits de l'homme et du citoyen (DDHC) du 26 août 1789.

197) Article 1er de la loi du 9 décembre 1905 concernant la séparation des Églises et de l'État. Ce texte, ainsi que la DDHC, sont toujours en vigueur.

198) Convention européenne de sauvegarde des droits de l'homme et des libertés fondamentales du 4 novembre 1950, article 9.

Soulignons que, d'un point de vue institutionnel, ce que le non-juriste appelle *« l'Europe »* se compose de deux organisations internationales bien distinctes : la célèbre Union Européenne (l'UE) et l'inconnu Conseil de l'Europe (199). Notons par ailleurs que leurs textes (sur la disponibilité du travailleur et sur ses prérogatives de croyant), de même que les textes nationaux n'offrent pas à l'employeur le loisir d'exiger une assiduité sans faille au religieux.

4. – Le droit des élèves à l'instruction et au respect de leurs convictions religieuses.

S'agissant plus spécifiquement des élèves, l'on sait qu'ils ont par ailleurs un droit à l'instruction. On peut notamment se souvenir d'un référendum français, tenu à la sortie de la seconde guerre mondiale, selon lequel : *« La Nation garantit l'égal accès de l'enfant*

199) Le Conseil de l'Europe (protecteur initial des droits de l'homme) comprend, outre les 27 membres de l'Union européenne, 20 autres États, tels que la Suisse, la Norvège, la Turquie, la Russie et le Royaume-Uni. Sa juridiction de référence est la CEDH, la Cour Européenne des Droits de l'Homme, dont le siège est à Strasbourg. En ce qui le concerne, l'Union européenne (l'UE) a pour capitale Bruxelles, tandis que sa juridiction maîtresse se trouve à Luxembourg. Ce sont surtout les jugements de la CEDH (quoique non impératifs) qui ont poussé de nombreux Britanniques à opter pour le Brexit. L'ironie de la situation est que leur pays demeure justiciable (et membre) de la CEDH. On sourira également en se rappelant que celle-ci (ainsi que le Conseil de l'Europe lui-même) résulte d'un traité signé à Londres (la CEDHLF). Le Conseil de l'Europe ne saurait être confondu avec le Conseil européen, lequel regroupe (de temps en temps) les Chefs d'État ou de Gouvernement des 27 membres de l'UE. Enfin, n'importe quel juge ou tribunal national a compétence pour trancher les litiges, non seulement sur la base de son droit national, mais également, et selon le cas, sur la base des règles de l'Union européenne, ou sur la base de celles du Conseil de l'Europe (la CEDHLF). Du moins s'agissant des règles (de plus en plus nombreuses) d'application directe.

et de l'adulte à l'instruction. L'organisation de l'enseignement laïque et gratuit à tous les degrés est un devoir de l'État » (200).

La CEDHLF prescrit une règle comparable : « *Nul ne peut se voir refuser le droit à l'instruction. L'État, dans l'exercice des fonctions qu'il assumera dans le domaine de l'éducation et de l'enseignement, respectera le droit des parents d'assurer cette éducation et cet enseignement conformément à leurs convictions religieuses et philosophiques* » (201).

Sans doute n'est-il pas possible d'organiser un enseignement (nécessairement progressif) à des élèves qui viendraient seulement de temps en temps ; c'est-à-dire uniquement lorsque leurs obligations religieuses le leur permettraient. Il n'empêche que les chefs d'établissement doivent concilier les droits religieux de l'élève avec son obligation d'assiduité scolaire, prévue par le Code de l'éducation. Le Conseil d'État admet que cette assiduité est une condition (particulièrement logique) pour suivre utilement une formation (202).

---

200) Préambule de la Constitution du 27 octobre 1946.

201) Article 2 du protocole additionnel n° 1 à la Convention européenne de sauvegarde des droits de l'homme et des libertés fondamentales. « [...] *la Cour, juridiction indépendante et impartiale, donc apolitique , est tributaire de conflits politiques présents dans certaines parties de notre continent qui donnent naissance à des requêtes individuelles ou interétatiques pour lesquelles la Cour est mal outillée et qu'elle ne peut refuser de traiter* » (Jean-Paul COSTA, L'expérience du président de la Cour européenne des droits de l'homme, *D.* 2011. 2392).

202) CONSEIL D'ÉTAT, Assemblée, 14 avril 1995, M. Koen c/ Lycée Masséna de Nice. « *Considérant toutefois que les contraintes inhérentes au travail des élèves en classe de mathématiques supérieures font obstacle à ce qu'une scolarité normale s'accompagne d'une dérogation systématique à l'obligation de présence le samedi, dès lors que l'emploi du temps comporte un nombre important de cours et de contrôles de connaissances organisés le samedi matin ; qu'ainsi le motif tiré de ce que M. Koen ne pourrait bénéficier d'une telle dérogation systématique aux prescriptions de l'article*

5. – Le primat apparent de l'exigence religieuse sur l'assiduité scolaire.

Cette solution jurisprudentielle n'aura pas été nouvelle. En effet, elle avait déjà été affirmée par les arrêts Kherouaa (en 1992), Yilmaz (en 1994) et Aoukili (en 1995). Le Conseil d'État y fait solennellement primer devoir d'assiduité sur la liberté religieuse, laquelle ne saurait pas porter atteinte à cette obligation (203).

Il y a par ailleurs primauté de l'intérêt du service. Effectivement, les autorisations d'absence dépendent de la possibilité d'une scolarité normale du lycéen et d'un fonctionnement harmonieux du service public (204). Au fond, le Conseil d'État finit par recommander le cas par cas pour le bénéfice d'un droit constitutionnellement reconnus à tous. On passe par conséquent d'un droit à une simple tolérance, dont le bénéfice dépend de la volonté d'un fonctionnaire (205).

Quoi qu'il en soit, l'élève pieux ne saurait valablement passer outre au refus de dérogation qui lui serait opposé. Son éventuel absentéisme unilatéral l'exposerait à des sanctions disciplinaires. Tout au moins,

---

7 du règlement intérieur du lycée Masséna pouvait légalement être opposé à sa demande d'inscription ».

203) Jean BARTHÉLÉMY, La liberté de religion et le service public, *RFDA* 2003 p.1066. Selon cet auteur, bien net est ici le risque de communautarisme. Car il y a traitement des élèves selon leur appartenance religieuse. Leurs absences étant alors justifiées par le sabbat, la tabaski, etc.

204) Idem.

205) Ibidem. L'homme de la rue dirait que le Conseil d'État a refilé "*la patate chaude*" au proviseur et à ses collaborateurs. Quant aux requérants (de confession juive), ils se retrouvent avec un jugement de Salomon. Effectivement, sans vraiment avoir perdu, ils n'auront pas pour autant gagné. Cela étant, sur quels critères le responsable du lycée va-t-il pouvoir se déterminer sans être accusés d'être l'auteur de décisions arbitraires et/ou de discriminatoires ? Pire, les autorités scolaires finiront par devoir soupeser les évènements religieux pour privilégier certains et en revanche négliger d'autres à l'occasion desquels les élèves pourront être tenus de demeurer dans l'établissement. Or, un fonctionnaire, essentiellement laïc, n'a certainement pas les compétences ni l'envie de procéder à de tels choix.

si l'administration scolaire présente judicieusement son dossier. Dans un contentieux, une collégienne de l'académie de Strasbourg qui, sur la base du vide législatif de l'époque, aurait pu être justement exclue pour défaut d'assiduité avait été réintégrée, car le fondement choisi pour l'exclusion aura été le seul port du foulard islamique.

En effet, a jugé le Conseil d'État : *« il est vrai, que le recteur puis le ministre ont soutenu devant le juge administratif que Mlle X... aurait manqué à l'obligation d'assiduité, notamment en cours d'éducation physique ; que ce motif est de la nature de ceux qui auraient pu être invoqués pour fonder légalement une décision d'exclusion ; qu'il ne saurait toutefois rendre légale la décision du recteur qui a été prise sur la base d'autres motifs »* (206).

6. – La tolérance administrative de l'absentéisme pour motif religieux.

Pour faciliter la vie religieuse des agents publics qui souhaitent prendre part à des cérémonies ou à des fêtes inhérentes à leurs religions, quelques directives ont été adoptées (207). Ainsi, outre des autorisations spéciales d'absence, l'administration se propose

---

206) CONSEIL D'ÉTAT, 27 novembre 1996, N° 172724, M. et Mme X c/ Recteur de l'académie de Strasbourg. Ont alors été annulés : le jugement du tribunal administratif de Strasbourg (7 juillet 1995) ainsi que l'arrêté (qu'il avait cru légal) du recteur de l'académie de Strasbourg en date du 25 janvier 1995.

207) Depuis, une circulaire du 23 septembre 1967 du ministre chargé de la Fonction publique, il existe une liste des principales fêtes religieuses des cultes orthodoxes, israélites, musulmans et bouddhistes. Cette circulaire, reconduite depuis lors chaque année, rappelait aux chefs des services placés sous leur autorité que, sont soumises à leur autorisation, les absences de fonctionnaires désireux de participer à ces fêtes qui ne sont pas inscrites au calendrier des fêtes légales ou d'usage. Laurent DECHÂTRE, Temps de travail, congés, autorisations d'absence, *Droit Administratif n° 1*, Janvier 2013, comm. 7 : « *Conclure que cette liste de fêtes religieuses avait un caractère impératif aurait été problématique au regard du principe de laïcité* ».

d'offrir des facilités horaires. L'intéressé adresse une demande à son supérieur hiérarchique, lequel la transmet au service du personnel. C'est plus précisément le Bureau tenant le calendrier des autorisations d'absences et des congés qui procède aux opérations nécessaires de gestion administrative (208).

On pourrait penser que le principe de laïcité s'oppose à une semblable immixtion d'un Chef de service dans la résolution de difficultés liées à vie religieuse d'agents. Mais, dirait un auteur publiciste, c'est pour la bonne cause, c'est-à-dire pour le fonctionnement continu et harmonieux du service (209).

Cela étant, précise-t-il aussitôt, *« il est, au premier abord, surprenant que, pour le Conseil d'État, le pouvoir d'organisation du chef de service qui découle de l'arrêt Jamart [...], puisse être mis en œuvre afin d'encadrer le régime des autorisations d'absence pour motif religieux, c'est-à-dire afin d'encadrer l'exercice de la liberté de culte. [...]. La solution est peut-être insatisfaisante au regard de la théorie générale des droits fondamentaux. Néanmoins, elle est pragmatique et fondée sur les nécessités du bon fonctionnement des services publics »*.

Curieusement, à la même époque, un privatiste soutenait que : *« le Conseil d'État n'a jamais accepté des manquements à l'assiduité, ce symbole de la vie collective. Il parait difficile d'admettre qu'un collaborateur puisse à son gré s'absenter au nom de convictions religieuses, se soustrayant ainsi unilatéralement au pouvoir de direction mais aussi disciplinaire de l'employeur »* (210).

---

208) https://www.fonction-publique.gouv.fr/autorisations-speciales-dabsence-et-facilites-horaires

209) Emmanuel TAWI, Les circulaires relatives aux autorisations d'absence pour motif religieux n'ont pas un caractère impératif, *La Semaine Juridique Administrations et Collectivités territoriales* n° 53, 27 Décembre 2004, 1850.

210) Jean-Emmanuel RAY, Temps professionnel et temps personnels, *Droit social* 2004, p.58.

7. – La facilité du congé religieux dans le secteur privé.

Il y a déjà une vingtaine d'années, monsieur le professeur Jean-Emmanuel Ray décrivait un fonctionnement similaire dans le secteur privé. Dans les entreprises, en effet, la gestion de la question religieuse se fait à l'amiable et dans la discrétion. Car le pratiquant et sa hiérarchie savent qu'il convient de *« concilier intelligemment règles religieuses et rythmes nécessairement collectifs d'une entreprise »* (211).

Presque jamais, l'intéressé ne vient directement solliciter une autorisation d'absence en vue d'aller honorer ses obligations religieuses ; les choses se font plutôt de façon sous-entendue (212). Par exemple, la hiérarchie ne lui accorde volontiers ses jours de RTT qui coïncident avec l'activité religieuse projetée. Cette hiérarchie accorde pareillement un congé pour convenance personnelle dans la perspective d'un Pèlerinage à La Mecque. Mieux, le vendredi après-midi, jour hebdomadaire de réunion à la mosquée, la structure planifie rarement des réunions susceptibles de se dérouler jusqu'à 16H (début du culte). Et lors du Ramadan, étant donné que le jeûneur est forcément fatigué, l'on admet que ses pauses dépassent la durée réglementaire.

Cela étant, même si l'employeur doit respecter les droits et libertés reconnus par les textes à ses salariés (y compris leurs convictions religieuses), il lui est permis de prétendre qu'une entreprise classique serait laïque. En conséquence de quoi, pendant le temps de travail, il n'y aurait pas à se soumettre aux préceptes de la

---

211) Idem.

212) Isabelle DESBARATS, Quelle place pour la religion au travail ? Débat classique, nouveaux enjeux, *La Semaine Juridique Entreprise et Affaires* n° 43, 24 Octobre 2013, 1588 : « *c'est au juge judicaire qu'il appartient d'articuler, en cas de conflit, l'intérêt de l'entreprise et la protection des droits et libertés. [...]. La sauvegarde des intérêts de l'entreprise peut justifier des restrictions à l'expression de la foi* ».

religion de chacun. L'assiduité et la disponibilité des personnels devraient ainsi être acquises pendant ce temps.

8. – Le départ de syndicalistes irrespectueux de politiciens taxés d'extrémistes.

Les adultes d'un établissement scolaire risquent par ailleurs des difficultés pour désertion intempestive d'une réunion officielle, juste par intention de briller ou d'humilier. Des syndicalistes politisés l'ont vérifié à leurs dépens devant la juridiction pénale. En l'espèce, une certaine dame Sylvie X..., se sera pourvue en cassation contre un arrêt de la cour d'appel de Nîmes, chambre correctionnelle, en date du 4 mai 2017.

Cette juridiction du fond l'aura condamnée pour outrage à personne dépositaire de l'autorité publique (213). Les victimes de l'outrage étaient un maire et son adjoint, venus participer (comme prévu par les textes) au conseil d'administration d'un lycée (au titre de représentant de leur collectivité). Or, la prévenue, entourée de ses collègues enseignants, a lu une déclaration indiquant qu'ils ne siégeraient pas en présence d'élus du Front National.

Plus précisément, les deux élus étaient *« membres d'un parti raciste et xénophobe »*. Ces enseignants s'étant retirés, le quorum n'a pu être atteint, et le conseil n'a donc pas pu se dérouler. La Cour de cassation (19 juin 2018) a rejeté le pourvoi (214). Une décision différente fut retenue dans une affaire similaire, car les poursuites s'étaient alors fondées sur une mauvaise disposition législative (215).

---

213) La condamnation aura été 1500 euros d'amende, et des dommages-intérêts au profit des parties civiles.

214) CASS. CRIM., 19 juin 2018, N° de pourvoi : 17-84153.

215) La chambre criminelle de la Cour de cassation a maintenu l'arrêt infirmatif dans une affaire où l'outrage n'était pas verbal, mais écrit. Apparemment, le syndicaliste prévenu devait échapper à la sanction

9. – L'abandon de leur hémicycle par des députés (ou des sénateurs) courroucés.

En revanche des parlementaires qui quittent leur hémicycle parce que les propos tenus les courrouceraient n'encourent pas de sanction. Une telle réaction s'appelle une protestation. Ce sont généralement les députés qui ne soutiennent pas le gouvernement (et qui n'appartiennent donc pas à la majorité) qui ont tendance à quitter bruyamment l'hémicycle.

En décembre 1998, Christine Boutin avait entraîné la Droite avec elle vers les antichambres du Palais Bourbon, pour protester contre la description que le Premier ministre avait fait d'elle (216). La baisse gouvernementale des APL, en juillet 2017, a donné l'occasion à la France Insoumise de préférer un happening aux débats à l'intérieur de l'Assemblée (217).

---

pénale parce que son écrit n'était pas resté confidentielle. Plus exactement, les juges ont dit qu'en l'espèce « *l'écrit doit être considéré comme un écrit rendu public et qu'il échappe aux prévisions de l'article 433-5 du Code pénal, qui n'incrimine que l'outrage par écrit non rendu public* » (CASS. CRIM., 7 décembre 2004, n° 04-81.162). En vérité, les poursuites devaient plutôt se faire sur la base d'un autre article de loi, contenu dans la loi sur la liberté de la presse, de 1881.

216) https://www.youtube.com/watch?v=7cV8VnrL43I. Bénédicte DORINET, L'obstruction parlementaire, *La Semaine Juridique Administrations et Collectivités territoriales* n° 38, 18 Septembre 2006, act. 777 : « *Tout le monde se souvient de l'intervention de Christine Boutin lors de la discussion du projet de loi sur le Pacs qui dura 5 heures et 25 minutes (record jamais atteint à ce jour)* ».

217) https://www.programme.tv/news/actu/181570-jean-luc-melenchon-et-son-groupe-quittent-l-assemblee-nationale-en-pleine-seance-video/ . Dans une Question écrite n° 2063, 17/10/2017, au ministre du logement et de la Cohésion des territoires, la députée (France Insoumise) Clémentine Autain avait expliqué qu'il fallait « *abroger cette disposition injuste, qui participe à fragiliser les citoyens les plus en difficulté, déjà lourdement impactés par*

En novembre 2019, des députés du parti socialiste ont montré leur irritation à la persistance des inégalités salariales entre les femmes et les hommes, en quittant leurs bancs (218). En mars 2018, la concrétisation de la limitation des amendements possibles des groupes politiques avait également fait déserter un tiers des députés (219). Exceptionnellement, des députés de la majorité ont quitté une audition où l'invitée était une syndicaliste voilée (220). L'abandon de l'hémicycle a parfois lieu à tour de rôle entre la majorité et l'opposition. Ainsi, lors de la réforme (avortée) des retraites en février 2020, ce sont d'abord les députés de la République en Marche qui ont tenu à protester contre les chicaneries de leurs collègues de Gauche (221). Puis, en mars 2020, sur le même sujet, ce fut le tour des députés de Gauche, ainsi que les Républicains (222). La réaction des parlementaires (02 août 2022) n'aura pas été la même selon leur groupe politique (223).

---

les mesures contenues dans le projet de loi de finances, et à renforcer l'inégalité entre les territoires ».

218) https://www.lci.fr/politique/video-inegalites-salariales-les-deputes-ps-quittent-l-hemicycle-a-16h47-en-soutien-aux-femmes-qui-travaillent-benevolement-depuis-le-5-novembre-2136885.html.

219) https://www.20minutes.fr/politique/2241983-20180322-assemblee-nationale-tiers-deputes-quitte-salle-protester-contre-propos-nicole-belloubet.

220) https://www.liberation.fr/politiques/2020/09/17/face-a-une-syndicaliste-etudiante-voilee-des-deputes-lr-et-lrem-quittent-une-audition_1799764.

221) https://www.lefigaro.fr/politique/reforme-des-retraites-face-a-un-debat-qui-s-eternise-les-deputes-lrem-quitte-l-hemicycle-20200225.

222) https://www.ouest-france.fr/economie/retraites/retraites-la-gauche-quitte-l-hemicycle-de-l-assemblee-en-denoncant-une-mascarade-de-debat-6766372.

223) Ce jour-là, la réponse du Gouvernement aura égratigné à la fois les députés de Marine Le Pen (le RN) et les députés de Jean-Luc Mélenchon (LFI et NUPES). Car il lui apparaissait comme "les nouveaux antisémites" (notamment pour leur antisionisme). Les "marinistes" sont stoïquement restés à leur place, tandis que les "mélenchonistes" se sont ébroués vers la sortie (https://www.tf1info.fr/politique/assemblee-nationale-eric-dupond-moretti-elisabeth-borne-la-nupes-lfi-quitte-l-hemicycle-apres-avoir-ete-accusee-d-antisemitisme-2228287.html).

Enfin, mêmes les paisibles sénateurs pratiquent aussi la chaise vide, contre un Gouvernement *''arrogant''* ou *''sot''*. C'est en juin 2020 que la porte-parole du Gouvernement avait subi cette mésaventure (224). Le point de discorde était important, car il s'agissait de restreindre le droit d'amendement (ou *''de bavardage''*) des parlementaires (225).

10. – Le refus du spoil system comme aide à la continuité efficace des services.

Parfois, le départ précité et bruyant des députés ne porte pas sur le fond. Par exemple, lorsque le président de céans coupe le micro du député posant une question au Gouvernement, si le temps (2 mn) qui lui est imparti s'est écoulé (226). Mais, le ministre répondra quand même correctement à la question ainsi partiellement posée, car il en aura déjà reçu communication (écrite) au préalable.

Dans ce théâtre politique, un ministre nommé dans la matinée répond sans difficulté aux questions de l'après-midi même. Cette prouesse doit être mise à l'actif des agents du ministère, lesquels auront

224) https://www.leparisien.fr/politique/indignes-par-une-reponse-sotte-du-gouvernement-les-senateurs-lr-quittent-l-hemicycle-03-06-2020-8329305.php.

225) Anne LEVADE, Restreindre le droit d'amendement Coup de bluff ou coup de force ?, La Semaine Juridique Edition Générale n° 13, 26 Mars 2018, 340 : « *Dans la mesure où ces propositions figureraient dans un projet de loi constitutionnelle, il est vain de s'interroger sur leur constitutionnalité. On peut même gager que c'est justement parce qu'il les juge en l'état contraires à la Constitution que le pouvoir exécutif entend les introduire par voie de révision. En revanche, c'est sur leur esprit et leur effet que l'on peut légitimement s'interroger ; dit autrement, sur leur opportunité. Et, à cet égard, nul doute que les parlementaires s'émeuvent à raison, les propositions apparaissant à la fois inutiles et contraires aux fondements de la démocratie représentative* ».

226) https://www.atlantico.fr/pepite/3361039/assemblee--a-cause-d-une-question-coupee-les-deputes-insoumis-quittent-l-hemicycle-avec-fracas.

établi les fiches indispensables à leur ministre. Ils proposent loyalement des réponses identiques au ministre de Gauche ou de droit, au ministre actuel comme à son prédécesseur ou à son successeur. C'est la continuité du service public à la française, en l'absence de l'américain spoil system (227).

Encore que le mécanisme existe dans nos collectivités territoriales, s'agissant en particulier des emplois de cabinet (228). Car quelques barons locaux se sont montrés oublieux de la recommandation de Léon Gambetta selon qui : *« On gouverne avec son parti, on administre avec ses compétences »* (229). Le problème en l'occurrence

---

227) Grâce à une administrativiste comparatiste, l'on peut redécouvrir tout le mal que le juriste francophone pense du système américain. Car : « *la nomination aux emplois publics devient la récompense des services politiques* » ; l'on confie donc parfois les emplois à « *amateurs brouillons ou de ratés politiciens, élus grâce à l'intrigue* » (Anne JACQUEMET-GAUCHÉ, Gaston Jèze et les droits étrangers, *RFDA* 2012. 153). L'auteur cite apparemment Gaston Jèze (Gaston JÈZE, Le procédé technique de la nomination en droit public français, *RD publ.* 1927. 575), qui lui-même se fondait sur Lawrence Lowell, dont il avait (avec d'autres) traduit l'ouvrage américain (*L'opinion publique et le gouvernement populaire*) en 1924.

228) « *[...] ils placent, tout d'abord, leurs titulaires dans la position de plus proches collaborateurs de l'exécutif territorial et doivent, à ce titre, bénéficier à tout moment de sa confiance. Parallèlement, ils renvoient à de lourdes responsabilités, en même temps qu'ils connaissent une professionnalisation croissante. Enfin, et subséquemment, ils apparaissent précaires car aisément révocables* » (Hubert ALCARAZ, Les emplois à la jonction du politique et de l'administratif dans la fonction publique territoriale, RFDA 2008. 147).

229) « *Les directeurs généraux de service (DGS) des collectivités territoriales voudraient que cette maxime retrouve son sens après les élections de mars 2008 tant leur inquiétude est grande de voir se développer un spoil system à la française qui les mettrait toujours plus nombreux en « réserve de l'action publique* » (Jean-Claude NÉMERY, Les DGS face aux risques du spoil system, AJFP 2008. 57). « *Il y a urgence à suspendre la nomination d'un directeur de cabinet qui exerce en fait les fonctions de directeur général des services d'une commune, une telle situation étant de nature à créer une grave insécurité juridique et à préjudicier aux intérêts du titulaire de*

est la volonté d'administrer (également) avec son parti (ou ses partisans).

l'emploi de DGS » (Marie-Christine DE MONTECLER, Référé suspension et spoil system, *AJDA* 2002. 930).

L'ABSENCE À L'ACTIVITÉ PAR COMMODITÉ PSYCHOLOGIQUE

Clotaire MOULOUNGUI
Maître de conférences hors classe à l'ULCO (académie de Lille)
Ancien Chef du Département Gestion des Entreprises et des Administrations
Responsable de la licence professionnelle Métiers de la Gestion et du Social

Résumé : À l'origine, les deux parties au contrat de travail s'offraient, l'un de la force physique et/ou intellectuelle, l'autre une rémunération. Puis le salarié a cru pouvoir par ailleurs exiger des tâches intéressantes et motivantes, parallèlement à un salaire juste et des perspectives de carrière. Désormais, notre salarié attend même une plus grande symbiose entre sa personne et : le lieu de travail ; les créneaux horaires d'activité ; l'autonomie dans l'accomplissement des missions ; etc..

Mots clefs : Droit à la paresse ; mauvaise volonté ; absentéisme.

Abstract : Initially, both parties to the employment contract offered each other: one offered physical and/or intellectual strength, the other offered remuneration. Later, the employee believed they could also demand interesting and motivating tasks, alongside a fair salary and career prospects. Now, our employees expect even greater symbiosis between themselves and: the workplace; work schedule; autonomy in carrying out tasks; etc.

Keywords : Right to be lazy; ill will; absenteeism.

1. – Les attentes démesurées de la nouvelle génération de travailleurs.

À l'origine, les deux parties au contrat de travail s'offraient, l'un de la force physique et/ou intellectuelle, l'autre une rémunération. Puis le salarié a cru pouvoir par ailleurs exiger des tâches intéressantes et motivantes, parallèlement à un salaire juste et des perspectives de carrière. Désormais, notre salarié attend même une plus grande symbiose entre sa personne et : le lieu de travail ; les créneaux horaires d'activité ; l'autonomie dans l'accomplissement des missions ; etc. (230).

Le nouveau travailleur s'immerge dans son emploi pour se l'approprier. Or cette démarche souffre parfois de sa discordance entre la contribution (ouvrière) et son évaluation (patronale). Ce qui a le don d'agacer, de décourager et d'orienter vers le conflit larvé ou patent, puis vers le départ conventionnel ou unilatéral de l'entreprise. Il n'est d'ailleurs pas exclu qu'un absentéisme ponctue la relation de travail, en conséquence de déprimes ou de grèves.

Deux auteures conviennent que *« lorsque les salariés peinent à donner du sens à leur travail, ils peuvent protester ou démissionner. Ils peuvent aussi, tout en restant dans l'entreprise, se mettre en retrait de leur activité, faire montre d'apathie, être l'objet de tiraillements identitaires ou/et manifester des troubles de la santé et s'absenter fréquemment »* (231).

---

230) Françoise SCHOENBERGER, Temps et lieu de la vie personnelle, temps et lieu de la vie professionnelle, *Droit social* 2010 p.31.

231) Cécile CLERGEAU et Laetitia PIHEL, Management à distance et santé au travail : quels sont les impacts de l'éloignement et de la méconnaissance du travail réel ?, ESKA, *Annales des Mines, Gérer et comprendre*, 2010/4 N° 102, pages 4 à 13, https://www.cairn.info/revue-gerer-et-comprendre1-2010-4-page-4.htm.

2. – Les efforts organisationnels en vue d'une implication personnelle des effectifs.

Les institutions ont généralement des difficultés budgétaires. Mais sans doute celles-ci seraient-elles moindres si le coûteux absentéisme refluait de leurs effectifs. L'assiduité recherchée adviendrait en décidant de *« valoriser les ressources disponibles et ne pas les exposer à une insatisfaction permanente. Dans le cas contraire, l'arme dont dispose chaque salarié est l'absentéisme de courte durée déstructurant »* (232).

Cantonner des salariés aux mêmes activités pendant des mois et des années, voire des décennies, finit par décourager mêmes les meilleures volontés. Trop souvent hélas, soutient un économiste, *« la rigidité du système d'organisation du travail en place dans l'entreprise provoque des dysfonctionnements lies à l'absentéisme, aux défauts de qualité des produits, à la baisse de productivité »* (233).

Un entrepreneur hasarde alors une solution à laquelle lui-même ne semble croire qu'à demi : l'octroi des responsabilités et de l'autonomie aux personnels (234). Les organisations subdivisent de

---

232) Didier CHATOT-HENRY, Carole CHATOT-HENRY et Dominique COURCIER, La promotion de la santé : un concept pertinent comme outil de management et de dynamique organisationnelle dans la restructuration d'un hôpital gériatrique, S.F.S.P., Santé Publique, 2014/4 Vol. 26, pages 453 à 467, https://www.cairn.info/revue-sante-publique-2014-4-page-453.htm.

233) Ibrahima HANE, *Enrichissement des taches et compétitivité de l'entreprise*, Th. Sciences économiques, Rouen, 1988.

234) Carl AZOURI, https://www.actionco.fr/Thematique/management-1214/Breves/Management-pas-assez-bienveillance-France-334437.htm (propos recueillis par Aude David en mi-octobre 2018) : « *Un meilleur management passe par plus d'autonomie pour ses équipes, ce qui les rend généralement plus responsables et plus productifs. A condition, toutefois, que la transition se fasse en concertation avec eux : imposer de l'autonomie à quelqu'un ne le rendra jamais plus productif* ».

plus en plus souvent leurs personnels en collectifs de travail. Les gestionnaires en mesurent les intérêts économiques et humains. Ils y observent l'amélioration de divers indicateurs comme la production, l'absentéisme et le climat social (235).

3. – La concentration du lecteur de roman (ou flow) à chaque poste de travail.

Lorsqu'une personne est absorbée par une lecture, elle semble alors être dans un monde à part ; dans son monde. Elle est rarement distraite par l'agitation environnante, par la faim ou par la soif. L'ouvrage ainsi parcouru est presque toujours un roman. Dans le monde du travail, l'idéal serait que, dans sa journée, le salarié se retrouve fréquemment dans un pareil tunnel intemporel. Oubliant le temps et l'entourage, il serait passionnément focalisé sur sa tâche.

Par exemple, le pompier luttant contre l'incendie, et le chirurgien en pleine opération, atteignent toujours ce degré de concentration. Toutefois, sans forcément ressentir le plaisir (et l'évasion) du lecteur de roman. Cette situation où une personne semble en symbiose avec son activité du moment est dénommée *''Flow''* ou encore *''expérience optimale''* (236).

---

235) Carole MEYER, *Histoire naturelle de cinq groupes autonomes dans une organisation industrielle*, Th. Psychologie, Nancy 2, 2003.

236) « *Entre « sentiment de bonheur », « état d'esprit » et « prédisposition physique » ou biologique au bonheur, les considérations psychologiques et neurologiques ainsi convoquées font débat, en se dissociant sur certains points (dualité du corps et de l'esprit) et en s'interpénétrant sur d'autres (interaction entre les données physiologiques et psychologiques) - sans pour autant que soit nécessairement remis en cause l'eudémonisme rationnel antique d'Aristote qui appréhende le bonheur sur une base éthique ou pourrait-on dire « intellectuelle », supplantant le bien-être matériel, les plaisirs corporels ou même les considérations uniquement et strictement morales par le sens ou la finalité globalement donnée à la vie* » (Félicien LEMAIRE, À propos du bonheur dans les constitutions, RFDA 2015. 107).

L'absence à l'activité par commodité psychologique

Plus généralement, selon le psychologue, toute tâche est susceptible de se caractériser par au moins l'une des huit déclinaisons suivantes : l'excitation ; le flow ; la maîtrise ; l'ennui ; le détachement ; l'indifférence ; l'inquiétude ; l'anxiété. L'idéal est que l'excitation et le flow l'emportent le plus souvent. Car le présentéisme passif et la procrastination guettent le travailleur qui se trouve dans une situation d'ennui, ou de détachement, ou d'indifférence.

Pire, l'absentéisme physique (volontaire) découlera à coup sûr de la zone d'inquiétude ou de la zone d'anxiété dans laquelle se trouverait le travailleur. Ce dispositif serait parfois d'indicateur pour la mesure du niveau de satisfaction au travail (237).

4. – La pression en entreprise même pour les cadres et directeurs.

Les salariés se plaignent régulièrement de la pression que leur ferait subir la hiérarchie. On pourrait croire que c'est un jeu pervers de la part de leur encadrement. En vérité, (et comme dirait le militaire) toute la ligne de commandement est soumise à un stress permanent. Ainsi, les cadres doivent des comptes à la direction, laquelle doit elle-même s'expliquer devant le conseil d'administration, lui aussi dépendant de l'assemblée des actionnaires.

Ces derniers étant à leur tour attentivement épier par la concurrence, prête à dévorer les entreprises donnant des signes de faiblesse. Malgré les diverses contraintes qui pèsent sur eux, les managers remplissent le mieux possible leurs missions et, avec assiduité (quasiment sans absentéisme). Effectivement, *« le stress*

---

237) Gaëlle Du Penhoat, *La boîte à outils de la gestion du stress*, Dunod, 2017 ; https://www.e-marketing.fr/Thematique/academie-1078/fiche-outils-10154/L-etat-de-Flow-et-la-boussole-emotionnelle-325064.htm.

professionnel des cadres a une incidence sur l'intention de quitter et pas sur l'absentéisme » (238).

Une des manifestations des RPS survient forcément dans une organisation où l'on ne se parle pas dans les équipes, ou bien où les équipes ne dialoguent pas avec la hiérarchie. Cette dernière est parfois tellement désespérée qu'elle préfère s'en remettre à un pool de remplaçants plutôt que de composer avec les membres revêches de l'équipe existante (239).

5. – Le mythe d'un bon stress et d'un mauvais stress pour le travailleur.

De même qu'il y aurait un bon et un mauvais cholestérol (240), l'on distingue un bon stresse et un mauvais (241). La belle excitation

---

238) Sinda MHIRI, L'impact du stress professionnel sur l'implication organisationnelle, l'absentéisme et l'intention de quitter chez les cadres, Th. Sciences de gestion, Nice, 2013.

239) Sébastien PAYRE, Quand la qualité du management contribue au développement du stress : analyse des défauts de la fonction hiérarchique et des pratiques d'encadrement, ISEOR, *Recherches en Sciences de Gestion,* 2014/1, N° 100, pages 173 à 191, https://www.cairn.info/revue-recherches-en-sciences-de-gestion-2014-1-page-173.htm.

240) « *La relation entre une quantité excessive de cholestérol dans le sang (hypercholestérolémie) et le risque de maladies cardiovasculaires est désormais établie de façon formelle. À ce titre, il peut être rappelé que l'effet bénéfique d'un traitement par statine sur la diminution des taux de cholestérol total et du LDL-cholestérol (« mauvais cholestérol », qui se dépose sur la paroi des artères) est bien connu, ainsi que l'effet sur la récidive (prévention secondaire) des événements cardiovasculaires, tels que l'infarctus du myocarde ou l'accident vasculaire cérébral* » (Réponse ministérielle à la Question écrite 105230, JO AN, 6 août 2011).

241) Christine LÉONARD, Marie-Reine VAN AMERINGEN, Shimon DOLAN et André ARSENAULT (1987), Absentéisme et assiduité au travail : deux moyens d'adaptation au stress, *Relations industrielles,* 42(4), 774–789. https://doi.org/10.7202/050363ar: « *Le stress intrinsèque désigne les caractéristiques reliées au contenu du travail telles que la participation aux décisions, les décisions urgentes, la responsabilité, etc. Le stress extrinsèque*

qui précède l'exécution d'une tâche ne saurait se confondre avec la sombre perspective de l'échec inhérent à l'insuffisance des moyens mobilisables (intellectuels, physiques, matérielles, financiers, etc.). Le bon stress est dit stress intrinsèque, et le mauvais, stress extrinsèque (242).

Le premier apparaît comme un facteur dissuasif d'absences (bien au contraire). Le second, qui est un poids extérieur venant peser sur l'individu, est encore qualifié de stress dysfonctionnel. Il s'accompagne de deux indicateurs sociaux caractéristiques de l'évitement ou de la fuite : l'absentéisme et le turnover (243).

Encore que, d'après les mesures des gestionnaires, ce serait sur l'absentéisme de courte durée (le volontaire en particulier), que le stress aurait un effet causal. À contrario, les absences longues, et de surcroît involontaires, découleraient peu de l'éventuel stress qui étreindrait initialement l'individu. D'ailleurs, si grâce à son stress intrinsèque, un travailleur viendra travailler malgré un rhume ou une grippe, lui aussi manquera finalement à l'appel s'il est atteint d'une poliomyélite ou d'une affection cancéreuse, par exemple.

Certes, de notables exceptions existent, le bon stress offrant manifestement assez d'énergie pour surmonter sa grave maladie (244).

---

inclue les caractéristiques propres au contexte de l'exécution de la tâche, telles que l'autonomie restreinte, la sous utilisation des habiletés, l'ambiguïté et le conflit de rôle, etc. »

242) Idem.

243) Sébastien PAYRE, Quand la qualité du management contribue au développement du stress : analyse des défauts de la fonction hiérarchique et des pratiques d'encadrement, ISEOR, *Recherches en Sciences de Gestion,* 2014/1, N° 100, pages 173 à 191, https://www.cairn.info/revue-recherches-en-sciences-de-gestion-2014-1-page-173.htm.

244) Comme toute affirmation générale connaît en définitive quelques exceptions, l'on se rappellera que le président François Mitterrand aura exécuté deux mandats présidentiels malgré un cancer ; qu'en dépit du sien Georges Pompidou a continué de présider la France et sera mort sur son

6. – La désespérance et le suicide même dans des professions utiles à la société.

L'utilité du métier n'exclut pas la souffrance au travail dans le secteur du social. En effet, *« l'exposition aux risques psychosociaux est avérée. La violence du public dans certains quartiers, le poids de la charge de travail et l'intensité psychique de ce travail sont autant de facteurs de risques. Les travailleurs sociaux sont régulièrement l'objet de menaces, d'agressions verbales ou même d'agressions physiques »* (245).

Dans la police aussi, les agents sont confrontés en permanence à la misère sociale et à une violence due à l'alcool et aux autres drogues plus ou moins légales. D'où, dans leur rang (des policiers du terrain), un taux élevé d'absentéisme (dépressions) et aussi un taux élevé de suicides (246).

---

lieu de travail (Palais de l'Élysée) ; de même le pape Jean-Paul II a poursuivi son magistère sur le monde catholique malgré une maladie de Parkinson et une tumeur de l'intestin.

245) « *Mais les démarches de prévention se heurtent à leur culture professionnelle. Car le risque est souvent intégré comme une fatalité. C'est du moins ainsi que raisonnent certains professionnels qui pensent que les mesures de prévention de la violence - comme demander la protection de la police pour aller dans certains quartiers par exemple - constituent une atteinte au sens même de leur métier. C'est ainsi que se construit la représentation collective et l'identité de certains métiers et les cadres eux-mêmes ne peuvent que difficilement adopter un point de vue différent car cela les place dans une posture paradoxale : ils prescrivent le travail mais ne peuvent garantir la sécurité des salariés car les précautions à prendre seraient telles que le travail lui-même serait empêché* » (Valérie CHATEL, Mettre fin à la solitude des managers, AJ Collectivités Territoriales 2013 p.29).

246) « *Que fait la police ? Tout ce qu'elle peut, au-delà même de ses forces à en juger par le taux effrayant des suicides de policiers* » (Jean-Claude FORTIER, Avis de tempête sur le service public : la République en question(s), AJFP 2011. 1). « *Le taux de suicide dans la police est supérieur*

Dans une brigade de gendarmerie comptant cinq militaires, le suicide de l'un d'entre eux réduit l'effectif de 20 %. Sans compter une démobilisation momentanée des survivants en attente d'un élève gendarme bientôt sorti de l'école de formation.

7. – La souffrance au travail des médecins et surtout des infirmières.

Ce sont les conditions de travail qui constituent le facteur essentiel des arrêts maladie chez les soignants (247) ; il s'agit essentiellement des infirmières et des aides-soignants, lesquels ne doivent pas être confondus avec les médecins (et les sages-femmes), qualifiés de médicaux. De fait, s'il y a peu de doute sur la pénibilité intrinsèque du métier exercé par les infirmières et assimilés (les aides-soignants), il apparaît que l'exercice spécifique en milieu hospitalier n'emporte nullement un plus grand niveau d'absentéisme de ces paramédicaux. Du moins en général (248).

C'est même l'inverse que les analystes disent déceler : « *Au sein du secteur privé, le niveau d'absence est légèrement plus élevé dans les*

---

de 36 % à celui de la population générale. Les origines sont multiples : une exposition plus grande à la violence, un dénuement matériel des services, une pression opérationnelle ou encore des mises en causes injustifiées » (Emmanuelle MAUPIN, Le Sénat prône plus de reconnaissance des policiers municipaux, AJDA 2018. 1366).

247) Catherine POLLAK et Layla RICROCH, Les disparités d'absentéisme à l'hôpital sont-elles associées à des différences des conditions de travail, *Revue française d'économie*, 2016/4 Vol. XXXI, pages 181 à 220, https://www.cairn.info/revue-francaise-d-economie-2016-4-page-181.htm.

248) « *Mais attendu qu'appréciant souverainement la valeur et la portée des éléments de preuve qui lui étaient soumis, le président du tribunal de grande instance a retenu que des personnels du centre hospitalier Simone Veil faisaient état de souffrances au travail, d'une récente dégradation de leurs conditions de travail, de stress au travail, d'absences de contestation et de communication et de la crainte de représailles en cas d'opposition aux décisions de l'encadrement entraînant des répercussions sur leurs vies professionnelles et personnelles [...]* » (CASS. SOC., 19 Décembre 2018, n° 17-19.889, Centre hospitalier Simone Veil).

établissements à but non lucratif (11 jours en moyenne) » (249). Naturellement, la question vient immédiatement à l'esprit de savoir si les cliniques privées (à but lucratif) connaissent un taux véritablement différent d'absentéisme. Toutefois, cette information n'est pas mise en avant.

8. – L'inhérence de l'absentéisme dans les métiers difficiles ou dévalorisés.

Le sens du travail suffit-il vraiment ? Les travailleurs dont le métier avait été reconnu comme étant essentiels (durant la période du Covid-19) n'en ont été heureux qu'un bref moment (250). Car certaines activités professionnelles, loin de donner des ailes, vous les coupe (ou, tout au moins, vous les brident). L'absentéisme épisodique s'imagine alors sans peine. Celui des femmes étant plus élevé.

Dans les années 60 du siècle dernier, une sociologue se demandait si cela était dû au fait qu'elles occupaient généralement aux postes pénibles et peu valorisants. Oui, l'activité professionnelle exercée, comme d'ailleurs les conditions de son exercice, jouent un rôle, sinon principal, du moins complémentaire dans l'assiduité du travailleur.

Cette professeure des universités ajoutait en outre que les salariés ont besoin d'appartenir à une équipe confraternelle et sous un leadership clairvoyant et bienveillant, pour se sentir bien dans leur

---

249) Catherine POLLAK et Layla RICROCH, précitées.

250) « *La crise de la Covid-19 a révélé le caractère essentiel des professions du médico-social, il est temps de considérer tous les métiers d'accompagnement sur un pied d'égalité et de donner aux travailleurs essentiels les garanties économiques et sociales nécessaires à la réalisation de leurs missions* » (Laurence COHEN (sénatrice), Revalorisation du métier de surveillant de nuit, Question écrite n° 27213, 17 mars 2022). Même question à l'Assemblée nationale : Olivier Falorni (député), Question écrite n° 45537, 17 mai 2022.

travail (251). Comme les (bonnes) idées ne meurent jamais, une psychologue bientôt consacrée

9. – La tradition de métiers inintéressants pour les femmes et l'absentéisme corrélatif.

Apparemment, la satisfaction offerte par l'emploi occupé n'est pas le même entre les femmes et les hommes. Les premières occuperaient trop souvent les emplois moins rémunérateurs et socialement moins digne de considération (252).

Au fond, cette situation est tellement inscrite dans les esprits qu'à l'hôpital, lorsque l'on dit à un malade qu'un médecin l'examinera bientôt, il s'étonne plus ou moins ouvertement de voir arriver une femme. Quoiqu'il en soit, et comme déjà dit, une personne affectée à

---

251) Vivianne Isambert-Jamati, Adaptation au travail et niveau de qualification des femmes salariées, Revue française de sociologie, Vol. 1, No. 1 (Jan. - Mar., 1960), pp. 45-60 ; Sciences Po University Press on behalf of the Association Revue Française de Sociologie ; https://www.jstor.org/stable/3320066.

252) « *La situation sociale et économique des femmes en France est marquée par différentes inégalités, désormais bien connues : si le taux de chômage des femmes est plus faible que celui des hommes (9,9% contre 10,8% pour les hommes) et leur espérance de vie meilleure (85,6 ans pour 80 ans pour les hommes), les indicateurs montrent pour le reste une situation nettement défavorable : ainsi, 40% des femmes ont été confrontées au sexisme au travail ou dans la sphère privée, les femmes sont plus touchées que les hommes par la précarité (54% des allocataires du RSA et 56% du minimum vieillesse sont des femmes) ou le travail à temps partiel, souvent imposé par des nécessités de garde d'enfants (30% des femmes sont à temps partiel contre 8% des hommes, 9,8% des femmes se déclarent en temps partiel subi). L'écart de salaires entre les femmes et les hommes est de 18,6%, tous secteurs – public comme privé – confondus* » (Diane ROMAN, La promotion des femmes par la jurisprudence administrative : entre égalité formelle et égalité réelle, les hésitations du juge administratif, La Semaine Juridique Administrations et Collectivités territoriales n° 29, 23 Juillet 2018, 2215).

des tâches inintéressantes manifestera probablement une moins grande appétence à aller les accomplir.

En vérité, pour savoir si les femmes sont vraiment spécifiquement souvent absentes, il faudrait s'assurer du comportement de celles d'entre elles qui exercent des fonctions d'encadrement ou de direction. Il est vraisemblable que la masculinité ou la féminité apparaitraient indifférentes (253).

La femme qui est cadre, qu'elle vive seule ou avec un conjoint, n'a pas à s'absenter afin de pouvoir s'occuper de son enfant ; elle dispose en effet de moyens suffisants pour le faire garder (254). Au demeurant, une sorte de sélection insidieuse (plafond de verre, démission) fait que les femmes qui ont beaucoup d'enfants ne parviennent presque jamais aux fonctions élevées d'une organisation (255).

---

253) Le défaut de satisfaction au travail contribue à un certain absentéisme, ont fini par réaliser des chercheurs du CNRS, compulsant des bases de données de l'"Europe des Quinze" (sans la Suède). Ils ont détecté une assiduité accrue dans trois États. Les Grecs et les Luxembourgeois des deux sexes, ainsi que les Finlandais occupaient la tête de leurs classements (Sabine CHAUPAIN-GUILLOT et Olivier GUILLOT, Les déterminants individuels de l'absentéisme au travail : Une comparaison européenne, *Revue économique,* Vol. 62, No. 3, développements récent de l'analyse économique : LVIXe congrès annuel de l'Association française de science économique, 2010 (Mai 2011), pp. 419-427, Sciences Po University Press, https://www.jstor.org/stable/27975875). Sauf qu'ils n'ont su en donner d'explication.

254) Cécile TERRENOIRE, L'Index de l'égalité professionnelle entre les femmes et les hommes, La Semaine Juridique Entreprise et Affaires n° 12, 19 Mars 2020, 1134 : « *Comment mettre en place une enveloppe de rattrapage salarial au bénéfice des salariés globalement moins bien rémunérés sans risquer de démotiver les salariés qui ne seront pas concernés ? Comment dynamiser les carrières de ceux qui sont globalement moins promus ou augmentés sans que les autres ne craignent une stagnation de leur carrière ? C'est tout un nouvel équilibre qu'il faut atteindre, en n'oubliant personne* ».

255) Encore une fois, ayant peu d'enfants et, le cas échéant, pouvant les faire garder, la femme surdiplômée, par conséquent située en haut de la

L'absence à l'activité par commodité psychologique

D'un autre côté, la femme vivant seule avec ses enfants tient tellement à son maigre salaire (et à la dignité de le gagner par son effort), qu'elle s'absente le plus rarement possible.

10. – L'absentéisme par manque de confiance en soi mais en autrui.

Le défaut de sens du travail à accomplir et le stress souffert à son occasion ne sont pas les seules causes de l'absentéisme lié à une réaction psychologique de défense de soi. L'indisponibilité des personnes attendues à une réunion peut aussi se rattacher à trois approches de la notion de confiance.

Il y a premièrement les relations entre : sociétaires, coopérateurs, actionnaires, notamment. Alors, il y a le phénomène de confiance aveugle en autrui l'intéressé pense inutile de ses déplacer ; car les choses seront quand même faites, et correctement (256).

---

pyramide hiérarchique de son entreprise, s'absente peu. Quoi qu'il en soit, elle ne le fera jamais pour les tâches domestiques, lesquelles sont confiées à du personnel de maison. Elle est stimulée à s'y rendre, non seulement par la belle rémunération qu'elle perçoit, mais aussi parce que certaines missions professionnelles l'épanouissent, même quand leur accomplissement exige un effort intellectuel intense. Il en résulte du prestige et de la fierté.

256) Dans cet ordre d'idées, au début de ce siècle, une auteure se demandait « *si la désertion plus ou moins constatée dans ces assemblées générales ne serait pas due à un excès de confiance placée dans les dirigeants ainsi que dans les décisions prises par ceux qui y assistent. En effet, à partir du moment où on reconnaît que dans les coopératives et dans les associations, les intérêts des membres convergent vers un but commun, les assemblées générales ne devraient avoir que très exceptionnellement à défendre des intérêts contre d'autres* » (Hélène AZARIAN, les assemblées de section et le droit de vote dans les sociétés coopératives et les associations, Droit des sociétés n° 12, Décembre 2001, chron. 22. L'auteure atténue son propos au moyen des deux observations. L'une concerne les coopératives de commerçants détaillants ; dans celles-ci l'on peut relever l'existence d'intérêts conflictuels. L'autre atténuation, plus générale, renvoie au

Deuxièmement, il y a le cas de figure d'insuffisance de confiance en soi. L'intéressé se garde de prendre par à la réunion en contemplant l'inutilité probable de son apport (pas de valeur ajoutée). L'intéressé entend alors éviter d'exaspérer les autres participants, en leur faisant perdre du temps avec des prises de paroles inopérantes. En fait, l'on pourrait également songer au peu de confiance dans les autres.

Car leur propension à la bienveillance apparaitrait limitée. Dès lors, peut-être par crainte révérencielle, un individu se gardera parfois de prendre part à une réunion solennelle.

11. – Le risque patrimonial couru comme motif de l'assiduité aux assemblées.

S'agissant des assemblées générales de sociétés anonymes, un célèbre professeur parisien enseignait que : *« En fait, la participation directe des actionnaires est souvent assez limitée, car beaucoup d'entre eux se désintéressent de la marche de la société ou ont l'impression que leur présence n'exercera aucune influence sur le vote des résolutions »* (257).

Pour sa part, un non moins célèbre professeur de province tenait un discours bien différent à propos cependant des assemblées des sociétés en nom collectif, les SNC (258). Il est vrai que dans cette

---

dispositif d'ouverture du capital mis en place par les réformateurs de 1992 (L. n° 47-1775, 10 sept. 1947, art. 3 bis ajouté par L. n° 92-643, 13 juill. 1992, art. 4). Car il instaure une « *cohabitation entre deux catégories d'associés dont les intentions diffèrent* »).

257) Yves GUYON, *Répertoire de droit des sociétés*, Assemblées d'actionnaires, septembre 2002, n° 119.

258) Deen GIBIRILA, Société en nom collectif, Répertoire de droit des sociétés juin 2016, n° 238 : « *Les associés non gérants [de la SNC] ne restent pas étrangers à l'administration de la société ; ils jouent même un rôle déterminant dans la société en nom collectif. En effet, contrairement à ce qui se passe dans les sociétés de capitaux où l'absentéisme a progressivement ôté tout fondement au schéma démocratique initial, les*

espèce de sociétés de personnes, ainsi que dans celles du genre, les commerçants associés sont tenus solidairement et indéfiniment. Cela veut dire qu'en cas de faillite de la société, si les biens liquidés (au moyen de la vente aux enchères) ne suffisent pas à désintéresser les créanciers de celle-ci, le patrimoine personnel de chacun des associés sera sollicité (259).

À cet égard, dans une copropriété (appartements dans un immeuble), les propriétaires de lots se montreraient diligents et assidus si jamais le syndicat de copropriété ou les autres propriétaires pouvaient les engager (financièrement) sans leur accord exprès. Voici une autre illustration résultant d'une interview et dont le propos parlera certainement à chacun : *« Nous allons faire une réunion cet après-midi avec 17 participants pour parler de l'avancement de la conception d'un produit. Sur les 17 participants, il n'y en a que 5 qui travaillent réellement sur le sujet. Tous les autres ne sont là que pour poser des questions et formuler des critiques. C'est toujours comme ça et c'est à la fois agaçant et usant »* (260). On en déduit facilement une volonté d'abandon et d'absentéisme.

---

associés en nom collectif ne peuvent, notamment en raison des risques courus sur leurs biens personnels, se désintéresser de la marche des affaires sociales ».

259) Comme chacun sait, les biens présents et futurs d'un débiteur doivent servir à payer ses créanciers (dont le droit ne serait pas encore prescrit). Son patrimoine est le gage commun de ces créanciers. Cela dit, la participation à la dette (paiement de toute la dette par n'importe lequel des débiteurs solidaires) se termine par un règlement définitif des comptes entre les associés (c'est la contribution à la dette : avec éventuellement des remboursements et compensations).

260) Jérémie GORGET, à la recherche de la méthodologie de management qui réduit les risques psycho-sociaux pour augmenter la performance, Le cas concret d'une grande entreprise industrielle, ISEOR, *Recherches en Sciences de Gestion,* 2016/2 *N° 113, pages 89* à 112, https://www.cairn.info/revue-recherches-en-sciences-de-gestion-2016-2-page-89.htm.

12. – La participation plus impérative des salariés élus aux réunions de l'employeur.

Une jurisprudence illustre ce soupçon de déficit de bienveillance chez autrui, et qui pousse à l'absentéisme. En l'espèce, malgré une sommation de l'employeur, un délégué du personnel (Garcia) refusa d'assister à une réunion du personnel. Celle-ci avait lieu à Papeete (le 22 avril 1978) sous la présidence d'un directeur venu de Paris. Il devait y être question de la marche de l'entreprise et des possibilités de reclassement, en métropole, du personnel expatrié (en Polynésie française). Une sanction de mise à pied lui fut alors infligée pour cette absence.

Mais le tribunal compétent (du paradisiaque archipel) l'annula ; car d'après lui, *« les ordres de l'employeur ne peuvent être contraignants que s'ils se rapportent à l'exécution du travail »*. Ensuite, précisait le jugement, l'absence de GARCIA n'avait pu nuire ni à son travail ni à la bonne marche du service. D'un autre côté, à cause d'un récent conflit social, l'intéressé pouvait redouter qu'à l'occasion de la réunion des allusions déloyales émergeassent contre lui.

Le tribunal concluait alors en ces termes : *« son refus, bien que désobligeant pour le représentant du siège, n'était ni dommageable ni fautif et ne pouvait donner lieu à sanction »*. Mais, pour la Cour de cassation (16 décembre 1980) le tribunal n'aura pas en l'occurrence légalement justifié sa décision.

Parce que, précise-t-elle, *« contrairement aux énonciation du jugement, l'employeur a la faculté de prescrire la présence des membres de son personnel aux réunions qu'il organise pendant le temps et sur les lieux du travail pour les informer de questions intéressant leur statut et la marche de l'entreprise »* (261). On pouvait pourtant se figurer que sa qualité de salarié protégé lui donnait une certaine

---

261) CASS. SOC., 16 décembre 1980, n° de pourvoi : 79-40757, Bull. n° 901.

liberté, comme aux autres représentants, contemporains ou successeurs (262).

Selon l'arrêt de cassation, il semble que ce soit le contraire, par application d'un raisonnement a fortiori. En effet, y lit-on, *« Garcia qui, au double titre d'agent expatrié et de délégué du personnel, était concerné par cette réunion ne pouvait, sans commettre de faute, prendre prétexte, pour refuser d'y assister, de critiques dont il aurait pu faire l'objet en tant que délégué de la part d'autres membres du personnel »*.

---

262) « *Le représentant de proximité a été conçu comme un remède conventionnel à la distance qui pouvait se créer entre les salariés et le comité social et économique né de la fusion des anciennes institutions de représentation du personnel. Prévu par l'ordonnance 2017-1386 du 22 septembre 2017 mais mis en place uniquement par accord, cette nouvelle instance répond-elle à l'objectif qui lui a été assigné ?* » (Jérôme PÉLISSE et Cyril WOLMARK, Quelle représentation de proximité après la fusion des institutions de représentation du personnel ? Droit social 2022. 199). « *Il a été maintes fois souligné que les interlocuteurs sociaux disposent d'une très grande liberté conventionnelle pour déterminer le rôle et le fonctionnement des représentants de proximité tout comme leurs modalités de désignation et leur nombre. Sans surprise donc, l'échantillon des accords instituant ces représentants en révèle de multiples figures* » (Valéria ILIEVA, Missions et moyens des représentants de proximité, Droit social 2022. 218).

L'INDEMNISATION DES VOYAGEURS MALGRÉ LA GRÈVE INTERNE.

Clotaire MOULOUNGUI
Maître de conférences hors classe à l'ULCO (académie de Lille)
Ancien Chef du Département Gestion des Entreprises et des Administrations
Responsable de la licence professionnelle Métiers de la Gestion et du Social

Résumé : En droit européen, les voyageurs par avion ont un droit amélioré à l'indemnisation par les compagnies accomplissant leur prestation avec retard. En fait (et c'est contre-intuitif), la perturbation déplorée est susceptible de plutôt consister en la précipitation du départ. Cela étant, le droit à indemnisation joue-t-il quand même si la grève (en son sein) explique le manquement temporel du transporteur aérien ?

Mots clefs : Voyage par avion ; retards et annulation ; indemnisation ; grève ; force majeure.

Abstract : Under European law, air travelers have an enhanced right to compensation from airlines that perform their services late. In fact (and this is counterintuitive), the disruption suffered is likely to consist more in the hasty departure. That being said, does the right to compensation still apply if the strike (within the airline) explains the airline's temporal failure?

Keywords : Air travel; delays and cancellation; compensation; strike; force majeure.

1. – La question préjudicielle pour l'exonération du transporteur aérien.

En droit européen, les voyageurs par avion ont un droit amélioré à l'indemnisation par les compagnies accomplissant leur prestation avec retard. En fait (et c'est contre-intuitif), la perturbation déplorée est susceptible de plutôt consister en la précipitation du départ (263).

Cela étant, le droit à indemnisation joue-t-il quand même si la grève (en son sein) explique le manquement temporel du transporteur aérien ? Un arrêt rendu par la CJUE en 2018 aide à répondre (positivement) à cette question. En l'espèce, la compagnie aérienne TUIfly avait été poursuivie devant une demi-douzaine de juridictions allemandes (264). Les victimes prétendues du transporteur voulaient bénéficier de la très protectrice législation d'origine européenne (265).

Mais ces juridictions germaniques sollicitèrent l'avis de la CJUE, afin que la solution juridique donnée à la question soit uniforme (ou simplement harmonisée), dans l'espace économique européen (266). De pareils renvois (pour conduite à tenir) relèvent du mécanisme de

---

263) « *Dans un arrêt du 24 février 2022, le juge européen a jugé que le règlement n° 261/2004 ne s'applique pas à un vol avec correspondance(s) faisant escale sur le territoire de l'Union mais dont ni le lieu de départ ni la destination finale ne se trouve sur le territoire de l'Union* » (Pascal DUPONT et Ghislain POISSONNIER, Coup de frein à l'application du règlement Passagers aux vols avec correspondance(s), DA 17 mars 2022).

264) Il se trouve que plusieurs de ses vols (prévus entre le 3 et le 8 octobre 2016) avaient subi un retard supérieur à trois heures, ou bien avaient tout simplement été annulés.

265) Les "naufragés" de l'aviation sont protégés par l'article 5, Section 1, sous c), iii), et par l'article 7 du règlement 261/2004.

266) Claude WITZ, Le défi de l'interprétation uniforme, AJ contrat 2020. 508.

la question préjudicielle (267). Il revient alors à l'instance saisie de lever l'incertitude juridique.

2. – Des efforts du transporteur pour conjurer les effets de la grève illicite.

Sans doute les juges allemands hésitèrent-ils à trancher directement (c'est-à-dire sans appel à la question préjudicielle) pour deux raisons. La première est que la défaillance du transporteur aérien avait été provoquée par une grève. C'est en effet à cause de celle-ci que le classique taux d'absentéisme (pour maladie) était passé de 10 % environ à quasiment 90 % s'agissant du personnel navigant technique ; et à presque 62 % pour le personnel navigant commercial. La seconde raison est que la grève en question était une *"grève sauvage"* ; c'est-à-dire une grève illégale au regard du droit social allemand (268).

On pourrait d'ailleurs avancer d'autres arguments exonératoires en faveur de TUIfly ; en particulier son adoption de nouveaux horaires de vols (à l'issue d'un rappel des personnels en vacances, et pas en grève). De plus, ce transporteur avait sollicité ses concurrents pour un sous-affrètement au profit des passagers potentiellement victimes. Compte tenu de tous ces éléments apparemment exonératoires, il semblait envisageable de refuser l'indemnisation aux voyageurs retardés, et donc au contraire de dégager (de toute responsabilité civile) leur transporteur empressé.

---

267) CJUE, 3e ch., 17-04-2018, n° C-195/17, Transport aérien (indemnisation) : portée d'une *"grève sauvage"*, Recueil Dalloz 2018 p.1587.

268) En l'occurrence, l'arrêt de travail n'aura pas résulté d'un mot d'ordre de syndicats déçus par un employeur sourd à leurs demandes. Autrement dit, la grève aura été spontanée, et aura résulté des personnels eux-mêmes. Cette grève s'arrêta lorsque l'employeur daigna enfin discuter des inquiétudes suscitées par les modifications programmées.

D'autant plus que le droit européen retient les *« circonstances extraordinaires »* comme excuses possibles (269).

3. – Les fondements juridiques de l'indemnisation des voyageurs retardés.

Comme à son habitude, la CJUE aura commencé par indiquer le cadre juridique de la solution retenue. En l'espèce, cette base comprenait le règlement 261/2004 et la convention de Montréal du 28 mai 1999. D'après ces textes, les transporteurs aériens bénéficient d'une diminution (voire d'une disparition) de leurs obligations d'indemnisation du moment que leur défaillance résulterait de *« circonstances extraordinaires qui n'auraient pas pu être évitées même si toutes les mesures raisonnables avaient été prises »*.

La CJUE a même en l'occurrence rappelé ces causes possibles d'exonération des transporteurs aériens (270). Il y apparaissait nettement une possibilité d'exonération de la Compagnie TUIfly. Toutefois, la Cour s'est détournée de cette solution a priori défendable en droit. Le sacrifice du transporteur l'aura été par souci

269) Cette échappatoire du transporteur défaillant est prévue par l'article 5, § 3, du règlement 261/2004. Lui-même aura été inspiré par la convention internationale (mondiale) applicable, conclue à Montréal le 28 mai 1999, et approuvée au nom de la Communauté européenne par décision 2001/539/CE du Conseil (des ministres). Il faut néanmoins démontrer que « *l'annulation ou le retard de vol égal ou supérieur à trois heures à l'arrivée est dû à des « circonstances extraordinaires » qui n'auraient pas pu être évitées même si toutes les mesures raisonnables avaient été prises* » ; Cf. aussi l'arrêt du 4 mai 2017, Pesková et Peska, C-315/15, EU:C:2017:342, pt 20.

270) Exemples : instabilité politique ; conditions météorologiques incompatibles avec la réalisation du vol concerné ; risques liés à la sécurité ; défaillances imprévues de nature à affecter la sécurité du vol ; grèves influençant les opérations d'un transporteur aérien effectif.

de préserver l'effectivité de la haute protection promise aux passagers d'avions (271).

Au fond, n'est-ce pas pour les passagers d'autres moyens de transport une sorte de discrimination à leur encontre ? Surtout que nous vivons dorénavant dans un environnement où l'on recommande d'opter pour le train ou pour le bateau, au détriment de l'avion (272). À cet égard, dit une auteure : « *En France, le transport est le premier secteur émetteur de gaz à effet de serre* » (273). En vérité, même le resquilleur sans billet sera indemnisé en cas d'accident (274).

---

271) Sa décision tient « *de l'objectif du règlement 261/2004, qui est d'assurer, ainsi qu'il ressort de son considérant 1, un niveau élevé de protection des passagers ». De surcroît, le principe juridique de base est le droit à indemnisation de toute victime. Une exception est apportée à cette protection en permettant aux transporteurs d'invoquer des « circonstances extraordinaires* ». Mais alors, il faut que celles-ci sortent vraiment de l'ordinaire. Le juge national doit donc veiller à une interprétation stricte de la notion. Voir aussi, dans le même sens, l'arrêt du 22 déc. 2008, Wallentin-Hermann, C-549/07, EU : C : 2008:771, pt 20.

272) « *Ainsi, l'abandon des vols court-courriers intérieurs entre deux destinations desservies par le train est une piste. Cependant, il concerne peu de trajets [...]. Le véritable enjeu est bien la réduction des vols long-courriers* » (Sylvain ZEGHNI, Les conséquences du changement climatique sur les mobilités, JT 2023, n°260, p.21). Voir aussi : Pierre SIRINELLI et Stéphane PRÉVOST, Le Paradoxe de prédestination du voyageur temporel, Dalloz IP/IT 2021. 589.

273) Nathalie FABRY, Les nouvelles mobilités, JT 2016, n°182, p.21.

274) Il y a même un élargissement du « *rôle exonératoire de la faute de la victime ferroviaire* ». Un tel passage ne doit même pas subir les clauses abusives inhérentes au billet à prendre de force dans le train, pour régulariser sa situation juridique de voyageur. (Dominique GENCY-TANDONNET, L'incidence paradoxale du droit européen sur la protection du voyageur ferroviaire, Contrats Concurrence Consommation n° 11, Novembre 2020, étude 16).

4. - La responsabilité de l'employeur dans la grève déplorée.

Dans l'affaire TUIfly, il y aura certes eu une grève paralysante de l'activité de transport. Un employeur pourrait penser à s'y appuyer pour échapper à l'obligation d'indemniser ses passagers empêchés de voyager. Cependant, a fait observer la CJUE, la litigieuse interruption collective du travail aura découlé d'une communication (du 30 septembre 2016), par laquelle la direction de la compagnie indiquait de futurs plans de restructuration de l'entreprise (275).

Dans ces conditions, il fallait se demander dans quelle mesure le transporteur eût pu éviter la grève ou, pire, dans quelle mesure il ne l'aura pas imprudemment provoquée (276). En clair, la cause de la grève invoquée importe en matière d'exonération du débiteur de la prestation de transport aérien. D'un autre côté, l'illégalité de la grève (au regard du droit allemand) devait finalement être regardée comme un élément inopérant.

Sinon, d'un pays à l'autre de l'Union, une Compagnie aérienne confrontée à la même grève (concertée) de ses personnels répondrait ou échapperait à l'obligation d'indemniser ses clients déçus. Encore une fois, les passagers seraient donc variablement protégés, en fonction de leur lieu d'habitation dans l'Union. La solution de la CJUE aura dès lors été la suivante : l'indemnisation par le transporteur aérien doit constituer le principe tandis que l'exonération ne peut être qu'une exception bien hypothétique.

---

275) CJUE, 3e ch., 17-04-2018, n° C-195/17, Transport aérien (indemnisation) : portée d'une "*grève sauvage*", *Recueil Dalloz* 2018 p.1587.

276) « *L'examen de la jurisprudence [française] montre toutefois qu'il y a deux poids deux mesures dans l'appréciation des conditions de la force majeure selon les circonstances dans lesquelles elle est invoquée* » (Sophie , La force majeure aux deux visages, Responsabilité civile et assurances n° 5, Mai 2018, étude 6).

5. – La grève comme évènement prévisible dans les relations de travail.

Pour proclamer le droit à indemnisation du voyageur aérien (par son transporteur pourtant confronté à une grève interne), la CJUE aura raisonné selon le syllogisme ci-dessous. Sa majeure était que : *« peuvent être qualifiés de "circonstances extraordinaires" [...], les événements qui, par leur nature ou leur origine, ne sont pas inhérents à l'exercice normal de l'activité du transporteur aérien concerné et échappent à la maîtrise effective de celui-ci »* (277).

Or, a jugé la Cour, les grèves sont des situations susceptibles de se produire ordinairement dans la vie d'une entreprise, et de nature à perturber sa marche (ou ses vols) (278). Elle a aussitôt ajouté qu'il revenait au juge de se déterminer au cas par cas, et de vérifier alors l'éventuelle coexistence des deux conditions cumulatives indispensables à la libération du transporteur aérien.

Bref, tout événement inopiné (qui perturbe le fonctionnement de l'entreprise) n'emporte pas l'effet exonératoire attendu par le transporteur aérien. De sorte que son échappement à une dette de dommages-intérêts ne peut qu'être exceptionnel. Les restrictions de déplacement prises à l'occasion de la pandémie de Covid-19

277) C'est au sens de l'article 5, § 3, du règlement 261/2004. La juridiction renvoie par ailleurs à sa propre jurisprudence : arrêt du 4 mai 2017, Pesková et Peska, C-315/15, EU : C : 2017:342, pt 22 ainsi que la jurisprudence citée. Laurent SIGUOIRT, Conf. L'exonération du transporteur aérien en cas d'annulation justifiée par des circonstances extraordinaires, *La Semaine Juridique Entreprise et Affaires* n° 46, 15 Novembre 2018, 1580. Pascal DUPONT, Précisions sur le vol avancé et l'information due au passager par le transporteur aérien, *DA* 27 janvier 2022 ; Ghislain POISSONNIER, La protection des passagers concerne également les vols avancés, *D.* 2022. 595.

278) Selon le considérant 14 dudit règlement 261/2004.

contiennent vraisemblablement un potentiel contentieux pour les années à venir (279).

Au fond, « *n'ayant pas un contenu identique dans les divers domaines d'application du droit de l'Union, la notion de force majeure doit être déterminée en fonction du cadre légal dans lequel elle est destinée à produire ses effets* » (280).

6. – La légitimité d'une grève hostile à une restructuration de l'entreprise.

Dans l'espèce TUIfly (c'est la mineure du syllogisme de la CJUE), la *"grève sauvage"* au sein du personnel résultait de l'annonce abrupte d'une mauvaise nouvelle ; à savoir la restructuration de l'entreprise. La grève était dès lors une réaction destinée à révéler à TUIfly l'hostilité des personnels aux mesures envisagées par sa direction (281). Or, ainsi que l'aura soussigné la Commission européenne (dans ses observations écrites de partie jointe), et *« à juste titre »* selon la CJUE, *« les restructurations et réorganisations d'entreprises font partie des mesures normales de gestion de celles-ci »*.

En d'autres termes, auront redit ces juges internationaux, les transporteurs aériens sont d'ordinaire exposés à des désaccords susceptibles de dégénérer en conflits. Pratiquement, le différend pouvait alors impliquer l'ensemble du personnel, ou seulement quelques uns de ses membres. Dans cette seconde hypothèse (peu

---

279) On aura assisté « *à des pratiques commerciales de certains transporteurs aériens ainsi qu'à des interventions étatiques dont la conformité aux règles gouvernant le domaine peut s'avérer discutable et dont les juridictions auront sans aucun doute à connaître dans les mois et années qui viennent* ». Cf. Benjamin CHEYNE, Panorama d'une année chargée et mouvementée en droit des passagers du transport aérien, Contrats Concurrence Consommation n° 7, Juillet 2020, étude 7.

280) Sandrine DRAPIER, Voyages à forfait : notion de « circonstances exceptionnelles et inévitables », LPA sept. 2023, n° LPA202m3.

281) Benjamin CHEYNE, précité.

de grévistes), les conséquences devraient logiquement être moins graves.

Conclusion : des indemnités étaient exigibles par les voyageurs malgré la grève subie par le transporteur. Selon un auteur, cette générosité jurisprudentielle apparait excessive et présage un mouvement prochain de rééquilibrage en défaveur des passagers cette fois (282).

7. – L'indifférence de l'illicéité de la grève subie par le transporteur aérien.

Que dire à propos de l'éventuelle illicéité de la grève quant au principe d'une dette d'indemnisation de l'employeur des grévistes envers ses clients ? La réponse est que la protection offerte aux passagers européens d'avions ne saurait dépendre de la qualification interne (c'est-à-dire nationale) des mouvements sociaux des personnels du transporteur poursuivi en indemnisation (283).

Certes, à croire une auteure, interprétant une décision de la CJUE, il revient « *aux juridictions nationales d'apprécier les difficultés de celui qui invoque la force majeure à son profit* » (284). Il n'en

---

282) Ronny KTORZA, Les correspondances, des facteurs non pris en compte pour le calcul de l'indemnisation dans le cadre du règlement 261/2004, Énergie - Environnement - Infrastructures n° 1, Janvier 2018, comm. 6 : « *Il faut dire que le règlement 261/2004 et la jurisprudence de la Cour afférente ont été critiqués car impliquant des charges colossales pour lesdites entreprises, déjà soumises à des obligations de sécurité extrêmement onéreuses. Ce règlement devrait même faire l'objet d'une révision prochaine dans un sens moins favorable aux droits des passagers. De ce fait, la CJUE a voulu peut-être anticiper ce retournement de tendance et préparer un avenir un peu plus rude pour ces consommateurs* ».

283) L'expression « *passagers européens* » n'entend pas exclure les passagers originaires d'autres continents. Les étrangers qui vivent dans l'Espace Économique Européen bénéficient de la même protection. Un élément de perturbation viendra de leur passage simplement accidentel dans le ciel européen.

284) Sandrine DRAPIER, précitée.

demeure pas mois que chaque passager d'avion devrait pouvoir bénéficier de la même protection, quelle que soit la portion du territoire de l'Union où son vol aura été empêché de se dérouler harmonieusement.

Dans notre affaire TUIfly, peu importait en conséquence que le mouvement social fut illégal (au regard du droit allemand). C'est vrai que celui-ci n'avait pas été initié par un syndicat (285).

285) En France, le droit de grève appartient individuellement à chaque travailleur, lequel le met en œuvre avec des collègues en vue de faire aboutir des demandes à caractère professionnel. Certes, dans les services publics tenus d'offrir un service minimum en cas de grève, des syndicats ont la délicatesse de présenter un préavis de grève. Néanmoins, 24 heures avant le début de la grève, le travailleur pourra librement s'associer ou se dissocier du mouvement.

www.ingramcontent.com/pod-product-compliance
Lightning Source LLC
LaVergne TN
LVHW082231051026
849532LV00012B/3948
* 9 7 8 2 4 8 7 7 4 0 1 9 8 *